व्यक्तित्व का संपूर्ण विकास

व्यक्तित्व का संपूर्ण विकास

स्वामी विवेकानंद

प्रकाशक • **प्रभात प्रकाशन प्रा. लि.**
4/19 आसफ अली रोड,
नई दिल्ली–110002

संस्करण • 2025
मूल्य • चार सौ पचास रुपए
मुद्रक • आर–टेक ऑफसेट प्रिंटर्स, दिल्ली

VYAKTITVA KA SAMPOORNA VIKAS
by Swami Vivekananda ₹ 450.00
Published by Prabhat Prakashan Pvt. Ltd., 4/19 Asaf Ali Road, New Delhi-2
e-mail: prabhatbooks@gmail.com ISBN 978-93-90366-74-3

अपनी बात

स्वामी विवेकानंद भारत में उस समय जनमे, जब यहाँ हिंदू धर्म के अस्तित्व पर संकट के बादल मँडरा रहे थे। पंडितों-पुरोहितों ने हिंदू धर्म को घोर आडंबरवादी और अंधविश्वासपूर्ण बना दिया था। ऐसे में स्वामी विवेकानंद ने हिंदू धर्म को एक पूर्ण पहचान प्रदान की। इसके पहले हिंदू धर्म विभिन्न छोटे-छोटे संप्रदायों में बँटा हुआ था। तीस वर्ष की आयु में स्वामी विवेकानंद ने शिकागो, अमेरिका में विश्व धर्म सम्मेलन में हिंदू धर्म का प्रतिनिधित्व किया और उसे सार्वभौमिक पहचान दिलवाई।

गुरुदेव रवींद्रनाथ टैगोर ने एक बार कहा था, ''यदि आप भारत को जानना चाहते हैं तो विवेकानंद को पढ़िए। उनमें आप सबकुछ सकारात्मक ही पाएँगे, नकारात्मक कुछ भी नहीं।''

रोम्याँ रोलाँ ने उनके बारे में कहा था, ''उनके द्वितीय होने की कल्पना करना भी असंभव है। वे जहाँ भी गए, सर्वप्रथम हुए। हर कोई उनमें अपने नेता का दिग्दर्शन करता। वे ईश्वर के प्रतिनिधि थे और सब पर प्रभुत्व प्राप्त कर लेना ही उनकी विशिष्टता थी। हिमालय प्रदेश में एक बार एक अनजान यात्री उन्हें देख ठिठककर रुक गया और आश्चर्यपूर्वक चिल्ला उठा, 'शिव!' यह ऐसा हुआ, मानो उस व्यक्ति के आराध्य देव ने अपना नाम उनके माथे पर लिख दिया हो!''

39 वर्ष के संक्षिप्त जीवनकाल में स्वामी विवेकानंद जो काम कर गए, वे आनेवाली अनेक शताब्दियों तक पीढ़ियों का मार्गदर्शन करते रहेंगे।

वे केवल संत ही नहीं थे, एक महान् देशभक्त, प्रखर वक्ता, ओजस्वी विचारक, रचनाधर्मी लेखक और करुण मानव-प्रेमी भी थे। अमेरिका से लौटकर उन्होंने देशवासियों का आह्वान करते हुए कहा था, "नया भारत निकल पड़े मोची की दुकान से, भड़भूजे के भाड़ से, कारखाने से, हाट से, बाजार से; निकल पड़े झाड़ियों, जंगलों, पहाड़ों, पर्वतों से।"

और जनता ने स्वामीजी की पुकार का उत्तर दिया। वह गर्व के साथ निकल पड़ी। गांधीजी को आजादी की लड़ाई में जो जन-समर्थन मिला, वह विवेकानंद के आह्वान का ही फल था। इस प्रकार, वे भारतीय स्वतंत्रता-संग्राम के भी एक प्रमुख प्रेरणा-स्रोत बने।

उनका विश्वास था कि पवित्र भारतवर्ष धर्म एवं दर्शन की पुण्यभूमि है। यहीं बड़े-बड़े महात्माओं व ऋषियों का जन्म हुआ। यहीं संन्यास एवं त्याग की भूमि है तथा यहीं, केवल यहीं आदिकाल से लेकर आज तक मनुष्य के लिए जीवन के सर्वोच्च आदर्श एवं मुक्ति का द्वार खुला हुआ है।

उनके कथन, 'उठो, जागो, स्वयं जागकर औरों को जगाओ। अपने नर-जन्म को सफल करो और तब तक रुको नहीं, जब तक कि लक्ष्य प्राप्त न हो जाए।'—पर अमल करके व्यक्ति अपना ही नहीं, सार्वभौमिक कल्याण कर सकता है। यही उनके प्रति हमारी सच्ची श्रद्धांजलि होगी।

प्रस्तुत पुस्तक 'व्यक्तित्व का संपूर्ण विकास' में स्वामीजी ने सरलतम शब्दों में एक आम आदमी को उसके विकास के पूर्णत्व बिंदु तक पहुँचाने का मार्ग प्रेरक व ओजपूर्ण शब्दों में प्रशस्त किया है। उनके शब्दों को जीवन में उतारकर व्यक्ति न केवल अपना, बल्कि अन्य उपेक्षित लोगों के जीवन में भी आशा का संचार कर सकता है।

अनुक्रम

अपनी बात 5

स्वामी विवेकानंद : संक्षिप्त जीवन-परिचय 9

स्वामी विवेकानंद : महत्त्वपूर्ण तिथियाँ 25

1. व्यक्तित्व का विकास 29
2. साधन-प्रयोग एवं सावधानी 38
3. अंतर्निहित पूर्णता की अभिव्यक्ति 49
4. एकाग्रता 57
5. विचार-शक्ति का महत्त्व 63
6. जन-समुदाय का शिक्षितीकरण 69
7. कर्म-कर्तव्य की अवधारणा 77
8. इच्छा-शक्ति का विकास 89
9. महान् जन्मभूमि भारत 110
10. प्रसुप्त ब्रह्म का जागरण 127
11. सहानुभूति-संपन्न बनो 137
12. आत्मविश्वास बढ़ाओ 151
13. संस्कारों से चरित्र-निर्माण 162

स्वामी विवेकानंद : संक्षिप्त जीवन-परिचय

स्वामी विवेकानंद ने परिव्राजक के रूप में स्वदेश सहित भारतीय उपमहाद्वीप की व्यापक यात्रा की। भारतीय उपमहाद्वीप की यात्रा के अंत में जब वे कन्याकुमारी पहुँचे तो बहुत व्यथित थे। देश भर की यात्रा में उन्हें सैकड़ों लोगों से मिलने का अवसर मिला। यहाँ की गरीबी, भेदभाव, ऊँच-नीच, धर्म के नाम पर आडंबर, जातिवाद, जमींदारी प्रथा की बुराइयों आदि को देख व अनुभव कर वे सदमे जैसी स्थिति में थे।

वे कन्याकुमारी के शांत समुद्र-तट पर अशांत खड़े थे। तभी उनकी नजर समुद्र के गर्भ में स्थित एक शिलाखंड (यही शिलाखंड बाद में 'विवेकानंद शिला' नाम से प्रसिद्ध हुआ) पर पड़ी। वे खतरनाक जलचरों से भरे सागर को तैरकर पार करते हुए उस शिलाखंड पर पहुँचे और चिंतन में डूब गए। अनेक विचार उनके मन-मस्तिष्क में डूब-उतरा रहे थे—'वे कैसे भारतीय प्रजा के दुःख को दूर करें, कैसे भूखों की भूख शांत करें, कैसे बेरोजगारों को रोजगार के अवसर दें?'

यहीं पर चिंतन के दौरान उन्हें याद आया कि उनके मित्र उन्हें शिकागो (संयुक्त राज्य अमेरिका) में होनेवाले विश्व धर्म महासभा में भारत के प्रतिनिधि के रूप में भेजना चाहते हैं। वहाँ जाने से क्या होगा? क्या भारत में संपन्नता आ जाएगी? फिर उन्होंने सोचा कि वे अमेरिकी जन समाज के बीच भारत का प्राचीन ज्ञान वितरण करेंगे और उसके बदले में विज्ञान एवं प्रौद्योगिकी भारत ले आएँगे। उन्होंने यह भी सोचा कि अमेरिका में यदि उनका

अभियान सफल रहा तो इससे पश्चिम के लोगों के मन में भारत की प्रतिष्ठा बढ़ेगी और भारतवासियों में भी आत्मविश्वास की वृद्धि होगी।

अंततोगत्वा उन्होंने शिकागो जाने का निश्चय कर लिया। उनके इस निश्चय से उनके मित्रों और शुभचिंतकों के बीच हर्ष की लहर दौड़ गई। खेतड़ी-नरेश ने उनकी यात्रा के लिए धन की व्यवस्था की।

31 मई, 1893 को 'एस.एस. पेनिंसुलर' नामक जलयान में सवार होकर बंबई से स्वामीजी की यात्रा आरंभ हुई। उनका भगवा परिधान, पगड़ी और आकर्षक व्यक्तित्व अनेक लोगों को उनकी ओर आकर्षित करता था। लेकिन जहाज का भीतरी माहौल विवेकानंद को नहीं भाता था। सूटकेस, बॉक्स, बटुए तथा कपड़ों की देखभाल का काम उन्हें बहुत झंझट भरा लगता था। लेकिन धीरे-धीरे उन्होंने स्वयं को उस माहौल में ढाल लिया।

जहाज का पहला पड़ाव श्रीलंका की राजधानी कोलंबो में पड़ा। वहाँ विवेकानंद ने हीनयान बौद्धों के मठ देखे। सिंगापुर के मार्ग में उन्हें मलय जाति के समुद्री डाकुओं के पुराने अड्डे देखने को मिले।

जहाज का पहला पड़ाव श्रीलंका की राजधानी कोलंबो में पड़ा। वहाँ विवेकानंद ने हीनयान बौद्धों के मठ देखे। सिंगापुर के मार्ग में उन्हें मलय जाति के समुद्री डाकुओं के पुराने अड्डे देखने को मिले। हांगकांग के व्यस्त बंदरगाह में उन्हें चीन देश की प्रथम झलक मिली। इसके बाद केंटन, नागासाकी, ओसाका, क्योटो और टोकियो देखते हुए वे स्थल मार्ग से याकोहामा आए।

जापानी लोगों की उन्नति और कला-प्रेम ने उन्हें बेहद प्रभावित किया। स्वाधीन जापान ने कुछ ही वर्षों में पाश्चात्य देशों से प्रतिस्पर्धा करते हुए अद्‌भुत उन्नति की थी। ऐसी उन्नति वे भारत की भी चाहते थे।

जापान से जहाज द्वारा वे 15 जुलाई को कनाडा के वैंकूवर बंदरगाह पर उतरे। वहाँ से ट्रेन द्वारा वे शिकागो पहुँचे।

शिकागो का आधुनिक परिवेश, आर्थिक संपन्नता, कल-कारखाने—

स्वामीजी को सबकुछ नया-नया-सा लग रहा था। उन्हें सब देखकर बहुत खुशी हुई; लेकिन ज्यों ही भारत की याद आई, उनका दिल बोझिल-सा हो गया।

फिर वे सूचना केंद्र पर पहुँचे और विश्व धर्म सम्मेलन के बारे में जानकारी माँगी। जो सम्मेलन जुलाई में होना था, उसे सितंबर के प्रथम सप्ताह तक के लिए स्थगित कर दिया गया था और वहाँ का प्रतिनिधित्व हासिल करने के लिए किसी प्रतिष्ठित संस्था का प्रमाण-पत्र आवश्यक था। दूसरे, उन्हें बताया गया कि प्रतिनिधियों के लिए नामांकन-पत्र भरने का समय भी अब निकल चुका है। यह सब स्वामीजी के लिए बड़ा अप्रत्याशित था।

भारत से रवाना होते समय न तो खेतड़ी-नरेश ने, न उनके अन्य मित्रों ने विश्व धर्म सम्मेलन के विवरण, नियम आदि जानने की कोशिश की। उन्होंने सोचा कि इन युवा संन्यासी का व्यक्तित्व ही यथेष्ट है और उन्हें अलग से किसी प्रमाण-पत्र की आवश्यकता होगी।

भारत से रवाना होते समय न तो खेतड़ी-नरेश ने, न उनके अन्य मित्रों ने विश्व धर्म सम्मेलन के विवरण, नियम आदि जानने की कोशिश की। उन्होंने सोचा कि इन युवा संन्यासी का व्यक्तित्व ही यथेष्ट है और उन्हें अलग से किसी प्रमाण-पत्र की आवश्यकता होगी।

फिर सम्मेलन के जुलाई से सितंबर तक टल जाने के कारण उनकी जेब भी शीघ्र ही हलकी होने लगी। सितंबर तक शिकागो में रहकर अपना खर्च चला पाने के लिए उनके पास पैसे नहीं थे। उन्हें किसी ने बताया कि बोस्टन कम महँगा शहर है। उन्होंने बोस्टन जाने का निर्णय लिया। उनके आकर्षक व्यक्तित्व से प्रभावित होकर एक स्थानीय धनाढ्य महिला केट सेनबोर्न ने उन्हें अपने यहाँ आतिथ्य स्वीकार करने का निमंत्रण दिया। स्वामीजी ने भी खर्च बचाने की दृष्टि से वह आमंत्रण सहर्ष स्वीकार कर लिया।

वहाँ अनेक प्रतिष्ठित लोगों से उनका परिचय हुआ। हार्वर्ड विश्वविद्यालय के ग्रीक भाषा के प्रोफेसर जे.एच. राइट स्वामीजी से पहली ही भेंट में इतने

प्रभावित हुए कि उन्हें धर्म सम्मेलन में प्रतिनिधि के रूप में स्थान दिलाने का सारा भार उन्होंने अपने ऊपर ले लिया। इसे दैवी व्यवस्था कहिए या स्वामीजी की प्रतिभा का चमत्कार कि एक असंभव-सा काम संभव हो गया था। प्रो. राइट ने धर्म सम्मेलन के अध्यक्ष को पत्र लिखा था—"ये एक इतने बड़े विद्वान् हैं कि हमारे समस्त प्राध्यापकों को एकत्रित करने पर भी वे इनकी बराबरी नहीं कर सकेंगे।"

पत्र लेकर नियत तिथि को स्वामी विवेकानंद शिकागो पहुँचे; लेकिन दुर्भाग्य से चयन समिति का पता खो बैठे। वह रात उन्होंने मालगाड़ी के एक डिब्बे में बिताई। सुबह जॉर्ज डब्ल्यू. हेल नाम की एक महिला ने उनकी सहायता की।

पत्र लेकर नियत तिथि को स्वामी विवेकानंद शिकागो पहुँचे; लेकिन दुर्भाग्य से चयन समिति का पता खो बैठे। वह रात उन्होंने मालगाड़ी के एक डिब्बे में बिताई। सुबह जॉर्ज डब्ल्यू. हेल नाम की एक महिला ने उनकी सहायता की। उन्हें भोजन कराया और विश्व धर्म सम्मेलन के अध्यक्ष डॉ. जे.एच. बैरोन से मिलवाया। वहाँ उन्हें हिंदू धर्म के प्रतिनिधि के रूप में स्वीकार कर लिया गया।

विश्व धर्म सम्मेलन

11 सितंबर, 1893 का दिन भारतवासियों के लिए एक ऐतिहासिक दिन कहा जाएगा। इस दिन स्वामी विवेकानंद ने हिंदू धर्म के परचम को विश्व के सर्वोच्च स्थान पर फहराया था।

सवेरे 10 बजे सम्मेलन की काररवाही आरंभ हुई। इसमें ईसाई, हिंदू, जैन, बौद्ध, कन्फ्यूशियन, शिंतो, इसलाम तथा पारसी आदि धर्मों के विद्वानों ने भाग लिया और अपने-अपने विचार प्रकट किए।

शिकागो के आर्ट पैलेस का हॉल 7,000 प्रतिष्ठित नागरिकों से खचाखच भरा था। मंच पर बीच में रोमन कैथोलिक चर्च के सर्वोच्च धर्माधिकारी कार्डिनल गिबन्स बैठे थे। उनकी दाईं व बाईं ओर कलकत्ता ब्राह्मसमाज के

प्रतापचंद्र मजूमदार, बंबई के नागरकर, सिंहली बौद्ध धर्म के धर्मपाल, जैन धर्म के गांधी तथा थियोसॉफिकल सोसाइटी के चक्रवर्ती और एनी बेसेंट आदि विद्वान् बैठे थे। उन्हीं के साथ स्वामी विवेकानंद बैठे थे।

प्रतिनिधिगण एक-एक कर उठते और अपना लिखित भाषण पढ़कर बैठ जाते। स्वामी विवेकानंद तो बिना तैयारी के गए थे। इतनी भीड़ के बीच में सार्वजनिक रूप से भाषण देने का उनका यह पहला अनुभव था, अत: दिल जोरों से धड़क भी रहा था। कई बार बुलाए जाने पर भी वे अपनी बारी स्थगित करते गए। आखिरकार वे उठे, उन्हें उठना ही पड़ा।

मन-ही-मन देवी सरस्वती को प्रणाम कर वे बोले, ''अमेरिकावासी बहनो और भाइयो!''

इतना सुनना था कि हजारों श्रोता अपनी कुरसियों से उठ खड़े हुए और तालियाँ बजाकर उनका स्वागत करने लगे। वे एकमात्र ऐसे वक्ता थे, जिन्होंने औपचारिक शब्दों के स्थान पर इन आत्मीय शब्दों द्वारा संबोधन किया था।

इतना सुनना था कि हजारों श्रोता अपनी कुरसियों से उठ खड़े हुए और तालियाँ बजाकर उनका स्वागत करने लगे। वे एकमात्र ऐसे वक्ता थे, जिन्होंने औपचारिक शब्दों के स्थान पर इन आत्मीय शब्दों द्वारा संबोधन किया था।

श्रोताओं की इस हलचल को शांत होने में पूरे दो मिनट लगे। इसके बाद हिंदू धर्म की अन्य सभी धर्मों के प्रति सहिष्णुता के विषय में संक्षेप में बोलने के बाद वे वापस अपनी जगह पर जा बैठे।

उनके छोटे, किंतु सारगर्भित भाषण की अगले दिन के स्थानीय अखबारों में भूमि-भूरि प्रशंसा की गई। धर्म सम्मेलन के विज्ञान विभाग के सभापति मर्विन मेरी स्नेल के शब्दों में, ''इसकी (सम्मेलन की) एक सबसे बड़ी देन यह है कि इसने ईसाई जगत् को और विशेषकर अमेरिकी जनता को यह समझा दिया कि ईसाई धर्म की तुलना में उससे भी अधिक सम्माननीय दूसरे धर्म हैं, जो दार्शनिक चिंतन की गहराई में, आध्यात्मिक निष्ठा में, स्वाधीन

विचारधारा के तेज में, मानवीय सहानुभूति की विशालता में ईसाई धर्म को भी पीछे छोड़ जाते हैं और साथ ही नैतिक सौंदर्य एवं कार्य-कुशलता में भी उससे बिंदु मात्र भी न्यून नहीं हैं।''

एक यहूदी विद्वान् ने स्वामीजी का व्याख्यान सुनने के बाद कहा, ''मुझे जीवन में पहली बार अनुभव हुआ कि मेरा यहूदी धर्म सत्य है।''

केवल स्वामीजी ईश्वर के बारे में बोले, जो कि सभी धर्मों का चरम लक्ष्य तथा सार सर्वस्व हैं; जबकि अन्य सभी वक्ताओं ने अपने ही आदर्श या संप्रदाय को श्रेष्ठ ठहराने के बारे में तर्क दिए।

यह धर्म सम्मेलन सत्रह दिनों तक चला और स्वामी विवेकानंद अकसर सबसे आखिर में व्याख्यान देते थे। उनका व्याख्यान सुनने के लिए श्रोतागण आखिरी क्षण तक अपनी कुरसियों से चिपके रहते थे। अखबार उनकी खबरों से भरे रहते थे। शिकागो की सड़कों पर उनके आदमकद चित्र टाँग दिए गए थे। लोग उन्हें श्रद्धा से नमस्कार करके आगे निकलते थे।

यह धर्म सम्मेलन सत्रह दिनों तक चला और स्वामी विवेकानंद अकसर सबसे आखिर में व्याख्यान देते थे। उनका व्याख्यान सुनने के लिए श्रोतागण आखिरी क्षण तक अपनी कुरसियों से चिपके रहते थे।

जहाँ एक ओर प्रशंसकों की भीड़ थी, तो कुछ कट्टर ईसाई उनकी सफलता से चिढ़ भी गए थे। वे तरह-तरह से स्वामीजी को बदनाम और परेशान करने लगे; लेकिन साँच को आँच नहीं। स्वामीजी भी इस निंदा-विष के दुष्प्रभाव से साफ बचे रहे।

धर्म सम्मेलन के अंतिम दिन 27 सितंबर को उसका उपसंहार करते हुए स्वामीजी ने कहा, ''ईसाई को हिंदू या बौद्ध नहीं हो जाना चाहिए और न हिंदू या बौद्ध को ईसाई ही; पर हाँ, प्रत्येक को चाहिए कि वह दूसरों के सार-भाग को आत्मसात् करके पुष्टि-लाभ करे और अपने वैशिष्ट्य की रक्षा करते हुए अपनी निजी वृद्धि के नियम के अनुसार विकसित हो। इस धर्म सम्मेलन ने जगत् के समक्ष यदि कुछ प्रदर्शित किया है तो वह यह है—इसने यह सिद्ध

कर दिया है कि शुद्धता, पवित्रता और दयाशीलता किसी संप्रदाय विशेष की बपौती नहीं हैं और प्रत्येक धर्म ने श्रेष्ठ एवं उन्नत चरित्र नर-नारियों को जन्म दिया है। अब इन प्रत्यक्ष प्रमाणों के बावजूद यदि कोई ऐसा स्वप्न देखे कि अन्य सारे धर्म नष्ट हो जाएँगे और केवल उसका धर्म ही जीवित रहेगा, तो मुझे उस पर दया आती है और मैं उसे स्पष्ट कहे देता हूँ कि शीघ्र ही, सारे प्रतिरोधों के बावजूद, प्रत्येक धर्म की पताका पर यह लिखा होगा—'युद्ध नहीं, सहायता; विनाश नहीं, ग्रहण; मतभेद और कलह नहीं, मिलन और शांति'।''

विवेकानंद के इन शब्दों का बड़ा महत्त्वपूर्ण परिणाम हुआ। उन्होंने वेदांत की सार्वभौमिक वाणी का प्रचार किया था, जिसके फलस्वरूप आर्य धर्म, आर्य जाति और आर्य भूमि संसार की दृष्टि में पूजनीय हो गई। हिंदू जाति पददलित है, पर घृणित नहीं; दीन-दुःखी होने पर भी बहुमूल्य पारमार्थिक संपत्ति की अधिकारिणी है और धर्म के क्षेत्र में जगद्गुरु होने के योग्य है। अनेक शताब्दियों के बाद विवेकानंद ने हिंदू जाति को अपनी मर्यादा का बोध कराया, हिंदू धर्म को घृणा और अपमान के पंक से उबारकर उसे विश्व-सभा में अति उच्च आसन पर प्रतिष्ठित किया।

विवेकानंद के इन शब्दों का बड़ा महत्त्वपूर्ण परिणाम हुआ। उन्होंने वेदांत की सार्वभौमिक वाणी का प्रचार किया था, जिसके फलस्वरूप आर्य धर्म, आर्य जाति और आर्य भूमि संसार की दृष्टि में पूजनीय हो गई।

इसके बाद स्वामीजी आहवा सिटी, डेस माइंस, मेम्फिस, इंडियानापोलिस, मिनियापोलिस, डेट्रॉयट, बफेलो, हार्टफोर्ड, बोस्टन, कैंब्रिज, न्यूयॉर्क, बाल्टीमोर, वॉशिंगटन तथा अन्य अनेक नगरों में व्याख्यान देने गए। इन तूफानी दौरों के चलते उन्हें 'तूफानी हिंदू' की संज्ञा दी गई। स्वामी विवेकानंद नकली ईसाई धर्म और अनेक ईसाई नेताओं के धार्मिक मिथ्याचार के प्रति विशेष कठोर थे। ऐसे लोगों पर स्वामीजी वज्र के समान टूट पड़ते थे। इस कारण उन्हें विरोध का सामना भी करना पड़ता था। लेकिन वे मानवता के प्रेमी थे। वे मानव को ही ईश्वर की सर्वोच्च अभिव्यक्ति मानते थे और वही

ईश्वर विश्व में सर्वत्र सताए जा रहे थे। इस प्रकार, अमेरिका में उनका दोहरा मिशन था। भारतीय जनता के पुनरुत्थान हेतु वे अमेरिकी धन, विज्ञान तथा प्रौद्योगिकी की सहायता लेना चाहते थे और बदले में अमेरिकी भौतिक प्रगति को सार्थक बनाने के लिए उन्हें आत्मा का अनंत ज्ञान देना चाहते थे।

यूरोप में धर्म-प्रचार

दो वर्ष अमेरिका में बिताकर स्वामीजी अगस्त 1895 में फ्रांस की राजधानी पेरिस पहुँचे और वहाँ के प्रतिष्ठित लोगों से मिले। खूब धर्म-चर्चा हुई।

लंदन में उनका स्वागत कु. मूलर ने किया, जो अमेरिका में भी उनसे मिल चुकी थीं। यह वही देश था, जिसने भारत को गुलाम बना रखा था। उन्होंने भारत की दुर्दशा के लिए कम-से-कम आंशिक रूप से विदेशी शासन को भी जिम्मेदार ठहराया।

लंदन में उनका स्वागत कु. मूलर ने किया, जो अमेरिका में भी उनसे मिल चुकी थीं। यह वही देश था, जिसने भारत को गुलाम बना रखा था। उन्होंने भारत की दुर्दशा के लिए कम-से-कम आंशिक रूप से विदेशी शासन को भी जिम्मेदार ठहराया। ब्रिटिश शासकों की दृष्टि में भारतवर्ष अंधविश्वास में डूबा हुआ एक अंधकारमय देश था। अतः वे सोच रहे थे कि अंग्रेज लोग क्या उन्हें धैर्यपूर्वक सुन सकेंगे?

लेकिन यहाँ भी शीघ्र ही स्वामीजी के व्याख्यानों की धूम मचने लगी। समाचार-पत्रों में उनकी भूरि-भूरि प्रशंसा होने लगी। एक अखबार में छपा—'लंदन के गण्यमान्य परिवार की महिलाओं को कुरसियों के अभाव में ठीक भारतीय शिष्यों की तरह जमीन पर पालथी मारकर बैठे व्याख्यान सुनते हुए देखना वास्तव में एक दुर्लभ दृश्य था। स्वामीजी ने अंग्रेज जाति के हृदय में भारत के प्रति प्रेम और सहानुभूति का जो उद्रेक कर दिया है, वह भारतवर्ष के लिए विशेष रूप से लाभकारी होगा।'

पुनः अमेरिका में

लंदन में अभी तीन महीने हुए थे कि अमेरिकी शिष्यों ने अनुरोध करके स्वामीजी को पुनः अमेरिका बुलवा लिया।

6 सितंबर को वे पुनः अमेरिका पहुँचे। फरवरी 1896 में उन्होंने न्यूयॉर्क में 'वेदांत समिति' की स्थापना की। बाद में उन्होंने डेट्रॉएट एवं बोस्टन आदि नगरों में भी इसी प्रकार की समितियों का गठन करके उनके संचालन का प्रभार अपने शिष्यों को सौंप दिया।

इसी बीच लंदन से बुलावा आने पर वे अप्रैल 1896 में लंदन पहुँचे। उन्हें सहयोग देने के लिए भारत से गुरुभाई सारदानंद भी लंदन आ पहुँचे थे।

वहाँ आयरलैंड में जनमी मागरिट नामक एक शिक्षित महिला स्वामीजी की शिष्या बनीं, जो बाद में भारत चली आईं और 'भगिनी निवेदिता' के नाम से सुपरिचित हुईं।

लंदन में स्वामी विवेकानंद और सारदानंद के तूफानी व्याख्यान आरंभ हो गए। एक सभा में स्वामीजी का व्याख्यान समाप्त हो जाने पर पके बालोंवाले एक प्रसिद्ध दार्शनिक ने उनसे कहा, ''आपका व्याख्यान बड़ा ही सुंदर रहा है, महाशय; परंतु आपने कोई नई बात तो कही नहीं है।''

6 सितंबर को वे पुनः अमेरिका पहुँचे। फरवरी 1896 में उन्होंने न्यूयॉर्क में 'वेदांत समिति' की स्थापना की। बाद में उन्होंने डेट्रॉएट एवं बोस्टन आदि नगरों में भी इसी प्रकार की समितियों का गठन करके उनके संचालन का प्रभार अपने शिष्यों को सौंप दिया।

स्वामीजी ने अविलंब उत्तर दिया, ''महाशय! जो सत्य है, वही मैंने आप लोगों को बताया है और सत्य उतना ही प्राचीन है, जितने कि ये पर्वत; उतना ही प्राचीन है, जितनी कि यह मानवता; उतना ही प्राचीन है, जितना कि यह ब्रह्मांड और उतना ही प्राचीन है, जितने कि परमेश्वर। यदि मैं उसी सत्य को ऐसी भाषा में प्रस्तुत कर सका हूँ, जो आपकी विचार-शक्ति को प्रेरित करता है और आपके चिंतन के अनुरूप जीवन-यापन में सहायक होता

है तो क्या मेरा बोलना सार्थक नहीं हुआ ?'' स्वामीजी के इन वाक्यों का जोर की तालियों के साथ स्वागत हुआ।

ऑक्सफोर्ड में स्वामीजी की भेंट महान् जर्मन संस्कृतज्ञ एवं भारतविद् मैक्समूलर से हुई। मैक्समूलर का भारत-प्रेम देखकर स्वामीजी अभिभूत हो उठे। वहाँ गुडविन, हेनरिएटा मूलर, स्टर्डी, श्री एवं श्रीमती सेवियर आदि लोग उनके अंतरंग संपर्क में आए और जीवन भर उनके अनन्य शिष्य बने रहे।

लंदन प्रवास के दौरान ही स्वामीजी को कील विश्वविद्यालय के दर्शन के प्राध्यापक सुप्रसिद्ध प्राच्यविद् पॉल डॉयसन का पत्र मिला। उन्होंने स्वामीजी को जर्मनी आने का आमंत्रण दिया था। स्वामीजी उनके आमंत्रण को टाल नहीं सके।

ऑक्सफोर्ड में स्वामीजी की भेंट महान् जर्मन संस्कृतज्ञ एवं भारतविद् मैक्समूलर से हुई। मैक्समूलर का भारत-प्रेम देखकर स्वामीजी अभिभूत हो उठे। वहाँ गुडविन, हेनरिएटा मूलर, स्टर्डी, श्री एवं श्रीमती सेवियर आदि लोग उनके अंतरंग संपर्क में आए और जीवन भर उनके अनन्य शिष्य बने रहे।

डॉयसन ने स्वामीजी को कील नगरी का भ्रमण करवाया और वेदांत आदि विषयों पर गंभीर चर्चा हुई। कुछ दिनों तक वहाँ रहकर स्वामीजी हॉलैंड में एम्सटर्डम होते हुए वापस लंदन आ गए।

लंदन में स्वामीजी पुनः व्यस्त हो गए। इसी बीच भारत से स्वामी अभेदानंद भी लंदन आ गए। 27 अगस्त, 1996 को ब्लूम्सबेरी स्क्वायर के एक क्लब में स्वामी अभेदानंद का पहला व्याख्यान हुआ। उसे सुनकर स्वामीजी ने कहा, ''अब यदि मैं इस लोक से विदा भी हो जाऊँ तो मेरा संदेश इन प्रिय होंठों से उच्चारित होता रहेगा और जगत् सुनेगा।''

इसी प्रकार स्वामी सारदानंद न्यूयॉर्क में स्वामी विवेकानंद के काम को आगे बढ़ा रहे थे और उनकी सफलता के चर्चे अखबारों में छपते रहते थे।

इंग्लैंड में धर्म-प्रवर्तन के कार्य से स्वामीजी सर्वथा संतुष्ट थे, तो भी

उन्होंने अमेरिका के समान वहाँ कोई संगठित कार्य आरंभ नहीं किया। उनके तत्कालीन पत्र एवं वार्त्तालाप से ऐसा लगता था कि वे इस संसार से ऊब रहे थे। यद्यपि जागतिक दृष्टि से वे तब सफलता के शिखर पर पहुँच चुके थे, परंतु वे अब ब्रह्मानुभूति से प्राप्त होनेवाली शांति के लिए व्याकुलता का अनुभव कर रहे थे। उन्हें लग रहा था कि इस जगत् में अब उनका कार्य समाप्त हो चुका है।

स्वदेश वापसी

लगभग तीन वर्ष विदेश में बिताकर 16 दिसंबर, 1896 को स्वामी विवेकानंद लंदन से स्वदेश के लिए रवाना हुए। उनके साथ गुडविन और सेवियर दंपती आदि लोग भी थे।

ये तीन वर्ष सतत यात्रा और व्याख्यान में बीते थे। जहाज की दो सप्ताह लंबी यात्रा के दौरान स्वामीजी ने विश्राम का आनंद लिया और अपनी भावी योजनाओं के बारे में अपने शिष्यों से विचार-विमर्श किया।

ये तीन वर्ष सतत यात्रा और व्याख्यान में बीते थे। जहाज की दो सप्ताह लंबी यात्रा के दौरान स्वामीजी ने विश्राम का आनंद लिया और अपनी भावी योजनाओं के बारे में अपने शिष्यों से विचार-विमर्श किया।

15 जनवरी, 1896 को प्रात: जहाज ने कोलंबो समुद्र-तट का स्पर्श किया। वहाँ कैसा दृश्य उपस्थित होगा, किसी ने कल्पना नहीं की थी। जैसे ही स्वामीजी के कदम बंदरगाह पर पड़े, हजारों लोगों ने जय ध्वनि के साथ उनका स्वागत किया। प्रतिष्ठित नागरिकों ने एक बड़ी शोभायात्रा का आयोजन किया। उन्हें मान-पत्र भी प्रदान किया गया।

श्रीलंका के कैंडी, अनुराधापुरम्, जाफना आदि स्थानों पर स्वामीजी ने दस दिन बिताए और वेदांत दर्शन, सनातन धर्म आदि विषयों पर ओजस्वी व्याख्यान दिए। वहाँ से वे रामेश्वरम्, त्रिचुरापल्ली और कुंभकोणम् होते हुए मद्रास पहुँचे। वहाँ भी हजारों की भीड़ उनके स्वागत को उमड़ पड़ी। वहाँ उन्होंने पाँच व्याख्यान दिए और नौ दिन बिताए।

स्वामीजी की ओजस्वी वाणी ने भारतवासियों के जीवन में उथल-पुथल

मचा दी। निर्भीक जन-जागरण ने संगठित हो राष्ट्रवाद को नई दिशा दी। उन्होंने भविष्य के भारत में अपना-अपना स्थान ग्रहण करने को आम जनता का आह्वान किया, "नया भारत निकल पड़े मोची की दुकान से, भड़भूजे के भाड़ से, कारखाने से, हाट से, बाजार से; निकल पड़े झाड़ियों, जंगलों, पहाड़ों, पर्वतों से।"

जनता ने स्वामीजी की पुकार का उत्तर दिया। वह गर्व के साथ निकल पड़ी। गांधीजी को आजादी की लड़ाई में जो जन-समर्थन मिला, वह विवेकानंद के आह्वान का ही फल था। वस्तुतः स्वामी विवेकानंद भारत के स्वाधीनता आंदोलन के एक प्रमुख प्रेरणा-स्रोत थे।

जनता ने स्वामीजी की पुकार का उत्तर दिया। वह गर्व के साथ निकल पड़ी। गांधीजी को आजादी की लड़ाई में जो जन-समर्थन मिला, वह विवेकानंद के आह्वान का ही फल था। वस्तुतः स्वामी विवेकानंद भारत के स्वाधीनता आंदोलन के एक प्रमुख प्रेरणा-स्रोत थे।

मद्रास से 20 फरवरी, 1897 को स्वामीजी कलकत्ता पहुँचे। वहाँ उनका अभूतपूर्व सार्वजनिक अभिनंदन किया गया। वहाँ लोगों का आह्वान करते हुए उन्होंने कहा, "अगले पचास वर्षों के लिए राष्ट्र ही हमारा एकमात्र देवता हो। सर्वप्रथम विराट् की पूजा करनी होगी; सेवा नहीं, पूजा। ये मनुष्य, ये पशु, ये ही तुम्हारे ईश्वर हैं और तुम्हारे प्रथम उपास्य तुम्हारे देशवासी ही हैं।"

रामकृष्ण मिशन की स्थापना

संगठन की शक्ति ने स्वामीजी को मोहित कर लिया था। इसका प्रत्यक्ष प्रभाव वे पश्चिमी देशों में देख चुके थे। अतः धर्म-प्रचार और जन-सेवा कार्य के विस्तार के लिए उन्होंने 1 मई, 1897 को 'रामकृष्ण मिशन' की स्थापना की।

इसके कुछ दिनों बाद ही विवेकानंद उत्तर भारत की यात्रा पर निकल पड़े। लखनऊ में उनका हार्दिक स्वागत हुआ। कुछ दिन उन्होंने अल्मोड़ा में बिताए। इसके बाद पंजाब, कश्मीर, सियालकोट, लाहौर और देहरादून होते हुए दिल्ली, अलवर, किशनगढ़, अजमेर, जोधपुर, इंदौर एवं खंडवा भी गए।

इस तूफानी दौरे से स्वामीजी के स्वास्थ्य पर विपरीत प्रभाव पड़ रहा था; लेकिन वे सतत यात्रारत रहे। मार्च 1898 में कलकत्ता में प्लेग फैलने का समाचार सुनकर स्वामीजी वहाँ लौटकर प्लेग-निवारण के कार्य में जुट गए। प्लेग शांत हो गया तो वे अपने कुछ शिष्यों के साथ नैनीताल की यात्रा पर गए। हिमालय क्षेत्र में एक मठ की स्थापना करना इस यात्रा का उद्देश्य था।

इस तूफानी दौरे से स्वामीजी के स्वास्थ्य पर विपरीत प्रभाव पड़ रहा था; लेकिन वे सतत यात्रारत रहे। मार्च 1898 में कलकत्ता में प्लेग फैलने का समाचार सुनकर स्वामीजी वहाँ लौटकर प्लेग-निवारण के कार्य में जुट गए।

सेवियर दंपती के धन से मार्च 1899 में अल्मोड़ा जिले में 'मायावती' नामक अद्वैत आश्रम (मठ) की स्थापना हुई। मि. सेवियर को उसका अध्यक्ष बनाया गया। स्विट्जरलैंड में आल्प्स पर्वतमाला का परिदर्शन करने के बाद से ही स्वामीजी के मन में हिमालय की निर्जनता में एक ऐसा मठ स्थापित करने की इच्छा घर कर गई थी, जहाँ केवल शुद्ध अद्वैत की ही शिक्षा एवं साधना होगी। श्री एवं श्रीमती सेवियर ने स्वामीजी के इस विचार को रूपायित करने का संकल्प लिया और 65,000 फीट की ऊँचाई पर स्थित 'मायावती' में अद्वैत आश्रम की स्थापना हुई।

पुनः विदेश यात्रा

अमेरिका में अभेदानंद स्वामी धर्म-प्रचार में लगे थे। वे और अन्य अनेक शिष्य स्वामी विवेकानंद को वहाँ आने के लिए पत्र लिखते रहते थे। इधर उत्तर भारत की सघन यात्रा ने स्वामीजी के शरीर को जर्जर करके रख दिया था। चिकित्सकों ने उन्हें पूरे विश्राम की सलाह दी थी। लेकिन अंततः पश्चिम के बुलावे पर वे एक बार पुन: अमेरिका जाने के लिए उद्यत हो उठे।

20 जून, 1899 को कलकत्ता से उनकी यात्रा आरंभ हुई। जहाज में उनके साथ स्वामी तुरीयानंद और भगिनी निवेदिता भी थे। अगस्त के मध्य में वे अमेरिका पहुँचे। वहाँ उन्होंने न्यूयॉर्क, न्यू जर्सी, लॉस एंजेलेस, पैसाडेना,

शिकागो, डेट्रॉएट और कैलिफोर्निया में अनेक व्याख्यान दिए। उन्होंने स्वामी तुरीयानंद को कैलिफोर्निया में आश्रम की स्थापना के लिए भी प्रेरित किया।

मानव की व्यथा के प्रति वे कितने संवेदनशील थे! 12 दिसंबर, 1899 के दिन उन्होंने अपने एक अमेरिकी मित्र को लिखा—"अनेक वर्षों पूर्व मैं हिमालय में गया था, इस निश्चय के साथ कि फिर वापस नहीं लौटूँगा। इधर मुझे समाचार मिला कि मेरी बहन ने आत्महत्या कर ली है। फिर मेरे दुर्बल हृदय ने मुझे उस शांति की आशा से दूर फेंक दिया! फिर उसी दुर्बल हृदय ने, जिन्हें मैं प्रेम करता हूँ, उनके लिए भिक्षा माँगने मुझे भारत से दूर फेंक दिया और आज मैं अमेरिका में हूँ! शांति का मैं प्यासा हूँ; किंतु प्रेम के कारण मेरे हृदय ने मुझे उसे पाने न दिया। संघर्ष और यातनाएँ, यातनाएँ और संघर्ष! खैर, मेरे भाग्य में जो लिखा है, वही होने दो और जितना शीघ्र वह समाप्त हो जाए, उतना ही अच्छा है।"

20 जून, 1899 को कलकत्ता से उनकी यात्रा आरंभ हुई। जहाज में उनके साथ स्वामी तुरीयानंद और भगिनी निवेदिता भी थे। अगस्त के मध्य में वे अमेरिका पहुँचे। वहाँ उन्होंने न्यूयॉर्क, न्यू जर्सी, लॉस एंजेलेस, पैसाडेना, शिकागो, डेट्रॉएट और कैलिफोर्निया में अनेक व्याख्यान दिए।

अमेरिका में फिर उन्हें ऊब होने लगी थी। वे स्वदेश लौटने को व्यग्र थे। 20 जुलाई, 1900 को वे अपने चार मित्रों के साथ पेरिस आ गए। वहाँ से विएना, हंगरी, सर्बिया, रूमानिया और बुल्गारिया भ्रमण करते हुए मिस्र की राजधानी काहिरा पहुँचे। वहाँ उन्हें पूर्वाभास हुआ कि श्री सेवियर को कुछ हुआ है। इसके बाद वे भारत लौटने के लिए आतुर हो उठे और जो भी पहला जहाज मिला, उसी से अकेले बंबई की यात्रा की।

बंबई बंदरगाह पर उतरकर उन्होंने तत्काल कलकत्ता की ओर प्रस्थान किया। मठ में उन्हें सूचना मिली कि श्री सेवियर का निधन हो चुका है। इस बात का पूर्वाभास उन्हें मिस्र में मिल चुका था। कुछ क्षण वे शोक में डूबे

रहे। बाद में अपनी व्यथा को उन्होंने एक पत्र में प्रकट किया था—"इस प्रकार दो अंग्रेज महानुभावों (एक सेवियर, दूसरे गुडविन) ने हमारे लिए, हिंदुओं के लिए आत्मोत्सर्ग किया। इसी को 'शहीद' होना कहते हैं। उनके द्वारा स्थापित आश्रम के किनारे से जो नदी बहती है, उसी के तट पर हिंदू रीति से उनका अंतिम संस्कार किया गया।"

विवेकानंद के ओजस्वी और सारगर्भित व्याख्यानों की प्रसिद्धि विश्व भर में है। प्रत्यक्षदर्शियों के अनुसार, जीवन के अंतिम दिन भी उन्होंने अपनी 'ध्यान' करने की दिनचर्या को नहीं बदला और प्रातः दो-तीन घंटे ध्यान किया। उन्हें दमा और शर्करा के अतिरिक्त अन्य शारीरिक व्याधियों ने घेर रखा था।

महासमाधि

विवेकानंद के ओजस्वी और सारगर्भित व्याख्यानों की प्रसिद्धि विश्व भर में है। प्रत्यक्षदर्शियों के अनुसार, जीवन के अंतिम दिन भी उन्होंने अपनी 'ध्यान' करने की दिनचर्या को नहीं बदला और प्रातः दो-तीन घंटे ध्यान किया। उन्हें दमा और शर्करा के अतिरिक्त अन्य शारीरिक व्याधियों ने घेर रखा था। उन्होंने कहा भी था, "ये बीमारियाँ मुझे चालीस वर्ष की आयु भी पार नहीं करने देंगी।"

4 जुलाई, 1902 को (महासमाधि के दिन) विवेकानंद पूर्ववत् सुबह जल्दी उठे, बेलूर मठ के पूजाघर में पूजा करने गए और बाद में तीन घंटों तक योग भी किया। उन्होंने छात्रों को शुक्ल-यजुर्वेद, संस्कृत और योग साधना के विषय में पढ़ाया; बाद में अपने सह-शिष्यों के साथ चर्चा की और रामकृष्ण मठ में वैदिक महाविद्यालय बनाने पर विचार-विमर्श किया। सायं 7 बजे विवेकानंद अपने कक्ष में गए और अपने शिष्य को शांति भंग करने के लिए मना किया। रात्रि 9 बजे योग से उन्होंने महासमाधि ले ली। उन्होंने अपनी भविष्यवाणी को सही साबित किया कि वे 40 वर्ष से ज्यादा नहीं जिएँगे। बेलूर में गंगा नदी के किनारे उनके शव को चंदन की लकड़ियों से अग्नि दे दी गई।

स्वामी विवेकानंद : महत्त्वपूर्ण तिथियाँ

Ṭ 12 जनवरी, 1863 : कलकत्ता में जन्म

Ṭ सन् 1879 : प्रेसीडेंसी कॉलेज में प्रवेश

Ṭ सन् 1880 : जनरल असेंबली इंस्टीट्यूशन में प्रवेश

Ṭ नवंबर 1881 : श्रीरामकृष्ण परमहंस से प्रथम भेंट

Ṭ सन् 1882-1886 : श्रीरामकृष्ण परमहंस से संबद्ध

Ṭ सन् 1884 : स्नातक परीक्षा उत्तीर्ण; पिता का स्वर्गवास

Ṭ सन् 1885 : श्रीरामकृष्ण परमहंस की अंतिम बीमारी

Ṭ 16 अगस्त, 1886 : श्रीरामकृष्ण परमहंस का निधन

Ṭ सन् 1886 : वराह नगर मठ की स्थापना

Ṭ जनवरी 1887 : वराह नगर मठ में संन्यास की औपचारिक प्रतिज्ञा

Ṭ सन् 1890-1893 : परिव्राजक के रूप में भारत-भ्रमण

Ṭ 24 दिसंबर, 1892 : कन्याकुमारी में

Ṭ 13 फरवरी, 1893 : प्रथम सार्वजनिक व्याख्यान, सिकंदराबाद में

Ṭ 31 मई, 1893 : बंबई से अमेरिका रवाना

Ṭ 25 जुलाई, 1893 : वैंकूवर, कनाडा पहुँचे

Ṭ 30 जुलाई, 1893 : शिकागो आगमन

Ṭ अगस्त 1893 : हार्वर्ड विश्वविद्यालय के प्रो. जॉन राइट से भेंट

- 11 सितंबर, 1893 : विश्व धर्म सम्मेलन, शिकागो में प्रथम व्याख्यान
- 27 सितंबर, 1893 : विश्व धर्म सम्मेलन, शिकागो में अंतिम व्याख्यान
- 16 मई, 1894 : हार्वर्ड विश्वविद्यालय में संभाषण
- नवंबर 1894 : न्यूयॉर्क में वेदांत समिति की स्थापना
- जनवरी 1895 : न्यूयॉर्क में धर्म-कक्षाओं का संचालन आरंभ
- अगस्त 1895 : पेरिस में
- अक्तूबर 1895 : लंदन में व्याख्यान
- 6 दिसंबर, 1895 : वापस न्यूयॉर्क
- 22-25 मार्च, 1896 : हार्वर्ड विश्वविद्यालय में व्याख्यान
- 15 अप्रैल, 1896 : वापस लंदन
- मई-जुलाई 1896 : लंदन में धार्मिक कक्षाएँ
- 28 मई, 1896 : ऑक्सफोर्ड में मैक्समूलर से भेंट
- 30 दिसंबर, 1896 : नेपल्स से भारत की ओर रवाना
- 15 जनवरी, 1897 : कोलंबो, श्रीलंका आगमन
- 6-15 फरवरी, 1897 : मद्रास में
- 19 फरवरी, 1897 : कलकत्ता आगमन
- 1 मई, 1897 : रामकृष्ण मिशन की स्थापना
- मई-दिसंबर 1897 : उत्तर भारत की यात्रा
- जनवरी 1898 : कलकत्ता वापसी
- 19 मार्च, 1899 : मायावती में अद्वैत आश्रम की स्थापना
- 20 जून, 1899 : पश्चिमी देशों की दूसरी यात्रा
- 31 जुलाई, 1899 : लंदन आगमन
- 28 अगस्त, 1899 : न्यूयॉर्क आगमन
- 22 फरवरी, 1900 : सैन फ्रांसिस्को में
- 14 अप्रैल, 1900 : सैन फ्रांसिस्को में वेदांत समिति की स्थापना

Ṭ जून 1900 : न्यूयॉर्क में अंतिम कक्षा

Ṭ 26 जुलाई, 1900 : यूरोप रवाना

Ṭ 24 अक्तूबर, 1900 : विएना, हंगरी, कुस्तुनतुनिया, ग्रीस, मिस्र आदि देशों की यात्रा

Ṭ 26 नवंबर, 1900 : भारत के लिए रवाना

Ṭ 9 दिसंबर, 1900 : बेलूर मठ आगमन

Ṭ जनवरी 1901 : मायावती की यात्रा

Ṭ मार्च-मई 1901 : पूर्वी बंगाल और असम की तीर्थ यात्रा

Ṭ जनवरी-फरवरी 1902 : बोधगया और वाराणसी की यात्रा

Ṭ मार्च 1902 : बेलूर मठ में वापसी

Ṭ 4 जुलाई, 1902 : महासमाधि।

व्यक्तित्व का विकास

हमारे आसपास की दुनिया में क्या हो रहा है, यह तो तुम देख ही रहे हो। अपना प्रभाव चलाना, यही दुनिया है। हमारी शक्ति का कुछ अंश तो हमारे शरीर-धारण के उपयोग में आता है और शेष प्रत्येक अंश तो दूसरों पर अपना प्रभाव डालने में रात-दिन व्यय होता रहता है। हमारा शरीर, हमारे गुण, हमारी बुद्धि तथा हमारा आत्मिक बल—ये सब लगातार दूसरों पर प्रभाव डालते आ रहे हैं। इसी प्रकार, उलटे रूप में दूसरों का प्रभाव हम पर पड़ता चला आ रहा है। हमारे आसपास यही चल रहा है। एक प्रत्यक्ष उदाहरण लो। एक मनुष्य तुम्हारे पास आता है, वह खूब पढ़ा-लिखा है। उसकी भाषा भी सुंदर है। वह तुमसे एक घंटा बात करता है, फिर भी वह अपना असर नहीं छोड़ जाता। दूसरा मनुष्य आता है। वह इने-गिने शब्द बोलता है। शायद वे भी व्याकरण शुद्ध और व्यवस्थित नहीं होते, परंतु फिर भी वह खूब असर कर जाता है। यह तो तुम में से बहुतों ने अनुभव किया है। इससे स्पष्ट है कि मनुष्य पर जो प्रभाव पड़ता है, वह केवल शब्दों द्वारा ही नहीं होता। शब्द, यही नहीं, बल्कि विचार भी, शायद प्रभाव का एक-तृतीयांश ही उत्पन्न करते होंगे; परंतु शेष दो तृतीयांश प्रभाव तो उसके व्यक्तित्व का ही होता है। जिसे तुम 'वैयक्तिक आकर्षण' कहते हो, वही प्रकट होकर तुम पर अपना असर डाल देता है।

महान् नेतागण

मनुष्य जाति के बड़े-बड़े नेताओं की बात यदि की जाए तो हमें सदा

यही दिखलाई देगा कि उनका व्यक्तित्व ही उनके प्रभाव का कारण था। अब बड़े-बड़े प्राचीन लेखकों और दार्शनिकों को लो। सच पूछो तो असल और सच्चे विचार उन्होंने सम्मुख कितने रखे हैं? गतकालीन नेताओं ने तो जो कुछ लिख छोड़ा है, उस पर विचार करो, उनकी लिखी हुई पुस्तकों को देखो और प्रत्येक का मूल्य आँको। असल, नए और स्वतंत्र विचार, जो अभी तक इस संसार में सोचे गए हैं, केवल मुट्ठी भर ही हैं। उन लोगों ने जो विचार हमारे लिए छोड़े हैं, उनको उन्हीं की पुस्तकों में से पढ़ो तो वे हमें कोई बहुत बड़े नहीं प्रतीत होते; परंतु फिर भी, हम यह जानते हैं कि अपने समय में वे बहुत बड़े हो गए हैं। इसका कारण क्या है? वे जो बहुत बड़े प्रतीत होते हैं, यह केवल उनके सोचे हुए विचारों या उनकी लिखी हुई पुस्तकों के कारण नहीं था और न उनके दिए हुए भाषणों के कारण ही था; वरन् किसी एक दूसरी ही बात के कारण, जो अब निकल गई है और वह था उनका व्यक्तित्व। जैसा मैं कह चुका हूँ, व्यक्तित्व दो-तृतीयांश होता है और शेष एक-तृतीयांश होता है—मनुष्य की बुद्धि और उसके कहे हुए शब्द। सच्चा मनुष्यत्व या उसका व्यक्तित्व ही वह वस्तु है, जो हम पर प्रभाव डालती है। हमारे कर्म हमारे व्यक्तित्व की बाह्य अभिव्यक्ति मात्र हैं। प्रभावी व्यक्तित्व कर्म के रूप में प्रकट होगा ही। कारण के रहते हुए कार्य का आविर्भाव अवश्यंभावी है।

संपूर्ण शिक्षा तथा समस्त अध्ययन का एकमेव उद्देश्य है, इस व्यक्तित्व को गढ़ना; परंतु हम यह न करके केवल बहिरंग पर ही पानी चढ़ाने का सदा प्रयत्न किया करते हैं। जहाँ व्यक्तित्व का ही प्रभाव है, वहाँ सिर्फ बहिरंग पर पानी चढ़ाने का प्रयत्न करने से क्या लाभ?

संपूर्ण शिक्षा तथा समस्त अध्ययन का एकमेव उद्देश्य है, इस व्यक्तित्व को गढ़ना; परंतु हम यह न करके केवल बहिरंग पर ही पानी चढ़ाने का सदा प्रयत्न किया करते हैं। जहाँ व्यक्तित्व का ही प्रभाव है, वहाँ सिर्फ बहिरंग पर पानी चढ़ाने का प्रयत्न करने से क्या लाभ? सारी शिक्षा का ध्येय है, मनुष्य

का विकास। वह अंतर्मानव—वह व्यक्तित्व, जो अपना प्रभाव सब पर डालता है, जो अपने संगियों पर जादू-सा कर देता है, शक्ति का एक महान् केंद्र है और जब यह शक्तिशाली अंतर्मानव तैयार हो जाता है, तो वह जो चाहे, कर सकता है। यह व्यक्तित्व जिस वस्तु पर अपना प्रभाव डालता है, उसी वस्तु को कार्यशील बना देता है।

हम देखते हैं कि यद्यपि यह बात सच है, तथापि कोई भी भौतिक सिद्धांत, जो हमें ज्ञात है, इसे नहीं समझा सकता। रासायनिक या पदार्थ वैज्ञानिक ज्ञान इसका विशदीकरण कैसे कर सकता है? कितना ओषजन, कितनी उद्‌जन वायु, कितना कोयला या कितने परमाणु और उनकी कितनी विभिन्न अवस्थाएँ, उसमें विद्यमान कितने कोष इत्यादि इस गूढ़ व्यक्तित्व का स्पष्टीकरण कर सकते हैं? फिर भी, हम देखते हैं कि यह व्यक्तित्व एक सत्य है। इतना ही नहीं, बल्कि यही प्रकृत मानव है। यही मनुष्य की सब क्रियाओं को अनुप्राणित करता है, सभी पर प्रभाव डालता है, संगियों को कार्य में प्रवृत्त करता है तथा उस व्यक्ति की लय के साथ विलीन हो जाता है। उसकी बुद्धि, उसकी पुस्तकें और उसके किए हुए कार्य—ये सब तो केवल पीछे रह गए कुछ चिह्न मात्र हैं। इस बात पर विचार करो। इन महान् धर्माचार्यों की बड़े-बड़े दार्शनिकों के साथ तुलना करो। इन दार्शनिकों ने बड़ी आश्चर्यजनक पुस्तकें लिख डाली हैं; परंतु फिर भी शायद ही किसी के अंतर्मानव को, व्यक्तित्व को उन्होंने प्रभावित किया हो। इसके विपरीत, महान् धर्माचार्यों को देखो; उन्होंने अपने काल में सारे देश को हिला दिया था। व्यक्तित्व ही था वह, जिसने यह अंतर पैदा किया और महान् धर्म संस्थापकों का वही व्यक्तित्व प्रचंड होता है। दार्शनिकों का व्यक्तित्व बुद्धि पर असर करता है और धर्म संस्थापकों का जीवन पर। पहला,

हम देखते हैं कि यद्यपि यह बात सच है, तथापि कोई भी भौतिक सिद्धांत, जो हमें ज्ञात है, इसे नहीं समझा सकता। रासायनिक या पदार्थ वैज्ञानिक ज्ञान इसका विशदीकरण कैसे कर सकता है?

मानो केवल एक रासायनिक क्रिया है, जिसके द्वारा कुछ रासायनिक उपादान एकत्र होकर आपस में धीरे-धीरे संयुक्त हो जाते हैं और अनुकूल परिस्थिति होने से या तो उनमें से प्रकाश की दीप्ति प्रकट होती है या वे असफल ही हो जाते हैं। दूसरा, एक जलती हुई मशाल के सदृश है, जो शीघ्र ही एक के बाद दूसरे को प्रज्वलित करता जाता है।

योगशास्त्र

योगशास्त्र यह दावा करता है कि उसने उन नियमों को ढूँढ़ निकाला है, जिनके द्वारा इस व्यक्तित्व का विकास किया जा सकता है। इन नियमों एवं उपायों की ओर ठीक-ठीक ध्यान देने से मनुष्य अपने व्यक्तित्व का विकास कर सकता है और उसे शक्तिशाली बना सकता है। बड़ी-बड़ी व्यावहारिक बातों में यह एक महत्त्व की बात है और समस्त शिक्षा का यही रहस्य है। इसकी उपयोगिता सार्वदेशिक है। चाहे वह गृहस्थ हो, चाहे गरीब, अमीर, व्यापारी या धार्मिक—सभी के जीवन में व्यक्तित्व को शक्तिशाली बनाना ही एक महत्त्व की बात है। ऐसे अनेक सूक्ष्म नियम हैं, जो हम जानते हैं, इन भौतिक नियमों से अतीत हैं। मतलब यह कि भौतिक जगत्, मानसिक जगत् या आध्यात्मिक जगत्, इस तरह की कोई नितांत स्वतंत्र सत्ताएँ नहीं हैं। जो कुछ है, सब एक तत्त्व है, या हम यों कहेंगे कि यह सब तक ऐसी वस्तु है, जो यहाँ पर मोटी है और जैसे-जैसे यह ऊँची चढ़ती है, वैसे-ही-वैसे वह सूक्ष्मतर होती जाती है। सूक्ष्मतम को हम आत्मा कहते हैं तथा स्थूलतम को शरीर; और जो पिंड में है, वही ब्रह्मांड में है। यह हमारा विश्व ठीक इसी प्रकार का है। बहिरंग में स्थूल घनत्व है और

योगशास्त्र यह दावा करता है कि उसने उन नियमों को ढूँढ़ निकाला है, जिनके द्वारा इस व्यक्तित्व का विकास किया जा सकता है। इन नियमों एवं उपायों की ओर ठीक-ठीक ध्यान देने से मनुष्य अपने व्यक्तित्व का विकास कर सकता है और उसे शक्तिशाली बना सकता है।

जैसे-जैसे यह ऊँचा चढ़ता है, वैसे-वैसे सूक्ष्मतर होता जाता है और अंत में परमेश्वर-रूप बन जाता है।

सूक्ष्म में निहित शक्ति

हम यह भी जानते हैं कि सबसे अधिक शक्ति सूक्ष्म में है, स्थूल में नहीं। एक मनुष्य भारी वजन उठाता है। उसके स्नायु फूल उठते हैं और संपूर्ण शरीर पर परिश्रम के चिह्न दिखने लगते हैं। हम समझते हैं कि स्नायु बहुत शक्तिशाली वस्तु हैं, परंतु असल में जो स्नायुओं को शक्ति देते हैं, वे तो धागे के समान पतले ज्ञान-तंतु हैं। जिस क्षण इन तंतुओं में से एक का भी स्नायुओं से संबंध टूट जाता है, उसी क्षण वे स्नायु बेकाम हो जाते हैं। ये छोटे-छोटे ज्ञान-तंतु किसी अन्य सूक्ष्मतर वस्तु से अपनी शक्ति ग्रहण करते हैं और वह सूक्ष्मतर वस्तु फिर अपने से भी अधिक सूक्ष्म विचारों से शक्ति ग्रहण करती है। इसी तरह यह क्रम चलता रहता है। इसलिए वह सूक्ष्म तत्त्व ही है, जो शक्ति का अधिष्ठान है। स्थूल में होनेवाली हलचल हम अवश्य देख सकते हैं, परंतु सूक्ष्म में होनेवाली हलचल हम देख नहीं सकते। जब स्थूल वस्तुएँ हलचल करती हैं तो हमें उसका बोध होता है और इसलिए हम स्वाभाविक ही हलचल का संबंध स्थूल से जोड़ देते हैं; परंतु वास्तव में सारी शक्ति सूक्ष्म में ही है। सूक्ष्म में होनेवाली हलचल हम देख नहीं सकते। शायद इसका कारण यह है कि वह हलचल इतनी तीव्र होती है कि हम उसको अनुभव ही नहीं कर सकते; परंतु यदि कोई शास्त्र या कोई शोध इन सूक्ष्म शक्तियों के ग्रहण करने

हम यह भी जानते हैं कि सबसे अधिक शक्ति सूक्ष्म में है, स्थूल में नहीं। एक मनुष्य भारी वजन उठाता है। उसके स्नायु फूल उठते हैं और संपूर्ण शरीर पर परिश्रम के चिह्न दिखने लगते हैं। हम समझते हैं कि स्नायु बहुत शक्तिशाली वस्तु हैं, परंतु असल में जो स्नायुओं को शक्ति देते हैं, वे तो धागे के समान पतले ज्ञान-तंतु हैं।

में सहायता दे तो यह व्यक्त विश्व ही, जो इन शक्तियों का परिणाम है, हमारे अधीन हो जाएगा। पानी का एक बुलबुला झील के तल से निकलता है। वह ऊपर आता है, परंतु हम उसे देख नहीं सकते, जब तक कि वह सतह पर आकर फूट नहीं जाता। इसी तरह विचार अधिक विकसित हो जाने पर या कार्य में परिणत हो जाने पर ही देखे जा सकते हैं। हम सदा यही कहा करते हैं कि हमारे कर्मों पर, हमारे विचारों पर हमारा अधिकार नहीं चलता। यह अधिकार हम कैसे प्राप्त कर सकते हैं? हम अगर विचारों को मूल में ही अधीन कर सकें तो इन सूक्ष्म हलचलों पर हमारी हुकूमत चल सकेगी। विचारों को कार्य में परिणत होने के पहले ही जब हम अधीन कर लेंगे, तभी सब पर हमारी हुकूमत चल सकेगी।

अगर ऐसा कोई उपाय हो, जिसके द्वारा हम इन सूक्ष्म कारणों और इन सूक्ष्म शक्तियों का विश्लेषण कर सकें, उन्हें समझ सकें और अंत में अपने अधीन कर सकें, तभी हम स्वयं पर अपना शासन चला सकेंगे। जिस मनुष्य का मन उसके अधीन हो तो निश्चय ही वह दूसरों के मनों को भी अपने अधीन कर सकेगा।

अब, अगर ऐसा कोई उपाय हो, जिसके द्वारा हम इन सूक्ष्म कारणों और इन सूक्ष्म शक्तियों का विश्लेषण कर सकें, उन्हें समझ सकें और अंत में अपने अधीन कर सकें, तभी हम स्वयं पर अपना शासन चला सकेंगे। जिस मनुष्य का मन उसके अधीन हो तो निश्चय ही वह दूसरों के मनों को भी अपने अधीन कर सकेगा। यही कारण है कि पवित्रता तथा नैतिकता सदा धर्म के विषय रहे हैं। पवित्र व सदाचारी मनुष्य स्वयं पर नियंत्रण रखता है। सारे मन एक ही हैं, समष्टि मन के अंश मात्र हैं। जिसे एक ढेले का ज्ञान हो गया, उसने दुनिया की सारी मिट्‌टी जान ली। जो अपने मन को जानता है और स्व-अधीन रख सकता है, वह हर मन का रहस्य जानता है और हर मन पर अधिकार रखता है।

विकास की गति बढ़ाना

प्रत्येक मनुष्य अपने बाल्यकाल में ही उन समस्याओं को पार कर लेता है, जिनमें से होकर उसका समाज गुजरा है। अंतर केवल इतना है कि समाज को उसमें हजारों वर्ष लगे हैं, जबकि बालक कुछ वर्षों में ही उनमें से पार हो जाता है। बालक प्रथम जंगली मनुष्य की अवस्था में होता है। वह तितली को अपने पैरों तले कुचल डालता है। आरंभ में बालक अपनी जाति के जंगली पूर्वजों-सा होता है। जैसे-जैसे वह बढ़ता है, अपनी जाति की विभिन्न अवस्थाओं को पार करता जाता है, जब तक कि वह अपनी जाति की उन्नतावस्था तक पहुँच नहीं जाता। अंतर यही है कि वह उन्हें तेजी से और जल्दी-जल्दी पार कर लेता है। अब संपूर्ण मानव-समाज को या संपूर्ण प्राणि जगत् और मनुष्य तथा निम्न स्तर के प्राणियों की समष्टि को एक जाति मान लो। एक ऐसा ध्येय है, जिसकी ओर यह समष्टि बढ़ रही है। उस ध्येय को हम पूर्णत्व नाम दे दें। कुछ स्त्री-पुरुष ऐसे होते हैं, जो मानव-समाज के भविष्यकालीन संपूर्ण विकास की कल्पना पहले ही कर लेते हैं। संपूर्ण मानव समाज जब तक उस पूर्णत्व को न पहुँचे, तब तक राह देखते रहने और पुनः-पुनः जन्म लेने की अपेक्षा वे जीवन के कुछ ही वर्षों में इन सब अवस्थाओं का अतिक्रमण कर पूर्णता की ओर अग्रसर हो जाते हैं और हम जानते हैं कि यदि हम ईमानदार हैं तो इन अवस्थाओं में से हम तेजी से आगे बढ़ सकते हैं। असंस्कृत मनुष्यों को अगर हम एक द्वीप पर छोड़ दें और उन्हें कठिनता से पर्याप्त खाने, ओढ़ने तथा रहने को मिले तो वे धीरे-धीरे उन्नत हो संस्कृति की एक-एक सीढ़ी चढ़ते जाएँगे। हम यह भी जानते हैं कि अन्य विशेष साधनों

प्रत्येक मनुष्य अपने बाल्यकाल में ही उन समस्याओं को पार कर लेता है, जिनमें से होकर उसका समाज गुजरा है। अंतर केवल इतना है कि समाज को उसमें हजारों वर्ष लगे हैं, जबकि बालक कुछ वर्षों में ही उनमें से पार हो जाता है। बालक प्रथम जंगली मनुष्य की अवस्था में होता है।

द्वारा भी इस विकास की गति बढ़ाई जा सकती है। क्या हम वृक्षों के विकास में मदद नहीं करते? यदि वे नि:सर्ग पर छोड़ दिए जाते हैं तो भी वे बढ़ते। अंतर यही है कि उन्हें अधिक समय लगता है। निसर्गतः लगनेवाले समय से कम समय में ही उनके विकास के लिए हम मदद पहुँचाते हैं। कृत्रिम साधनों द्वारा वस्तुओं का विकास तीव्रतर करना, यही हम निरंतर करते आए हैं। तो फिर हम मनुष्य का विकास शीघ्रतर क्यों नहीं कर सकते? समस्त जाति के विषय में हम ऐसा कर सकते हैं। परदेशों में प्रचारक क्यों भेजे जाते हैं? इसलिए कि इन उपायों द्वारा जाति को हम शीघ्रतर उन्नत कर सकते हैं। तो अब क्या हम व्यक्ति का विकास शीघ्रतर नहीं कर सकते? अवश्य कर सकते हैं। क्या हम इस विकास की शीघ्रता की कोई मर्यादा बाँध सकते हैं? यह हम नहीं कह सकते कि एक जीवन में मनुष्य कितनी उन्नति कर सकता है? ऐसा कहने के लिए तुम्हारे पास कोई आधार नहीं कि मनुष्य केवल इतनी ही उन्नति कर सकता है, अधिक नहीं! अनुकूल परिस्थिति से उसका विकास आश्चर्यजनक शीघ्रता से हो सकता है, तो फिर, क्या मनुष्य के पूर्ण विकसित होने के पूर्व उसके विकास की गति की कोई मर्यादा हो सकती है? अतएव इस सब का तात्पर्य क्या है? यही कि मनुष्य इसी जन्म में पूर्णत्व लाभ कर सकता है और उसे इसके लिए करोड़ों वर्षों तक इस संसार में आवागमन की आवश्यकता नहीं।

जीवन में मनुष्य कितनी उन्नति कर सकता है? ऐसा कहने के लिए तुम्हारे पास कोई आधार नहीं कि मनुष्य केवल इतनी ही उन्नति कर सकता है, अधिक नहीं! अनुकूल परिस्थिति से उसका विकास आश्चर्यजनक शीघ्रता से हो सकता है, तो फिर, क्या मनुष्य के पूर्ण विकसित होने के पूर्व उसके विकास की गति की कोई मर्यादा हो सकती है?

अवतार : महापुरुषगण

सब बड़े अवतार तथा धर्म-संस्थापक ऐसे ही पुरुष होते हैं। उन्होंने इस एक ही जीवन में पूर्णत्व प्राप्त कर लिया है। दुनिया के इतिहास के सब

कालों में इस तरह के मनुष्य जन्म लेते आए हैं। अभी कुछ ही दिन पूर्व एक ऐसे महापुरुष ने जन्म लिया था, जिन्होंने मानव समाज के संपूर्ण जीवन की विभिन्न अवस्थाओं का अनुभव अपने इसी जीवन में कर लिया था और जो इसी जीवन में पूर्णत्व तक पहुँच गए थे; परंतु विकास की वह त्वरित गति भी कुछ नियमों के अनुसार होनी चाहिए। अब ऐसी कल्पना करो कि उन नियमों को हम जान सकते हैं, उनका रहस्य समझ सकते हैं और उनको अपनी आवश्यकताएँ पूर्ण करने के लिए उपयोग में ला सकते हैं, तो यह स्पष्ट है कि इससे हमारा विकास होगा। हम यदि अपनी उन्नति तीव्रतर करें तो इस जीवन में ही हम पूर्ण विकसित हो सकते हैं। पैसा और भौतिक वस्तुएँ देकर दूसरों की सहायता करना तथा उन्हें सुगमता से जीवन-यापन करना सिखलाना—ये सब तो जीवन की केवल गौण बातें हैं।

मनुष्य को पूर्ण विकसित बनाना, यही इस शास्त्र का उपयोग है। युगानुयुग प्रतीक्षा करने की आवश्यकता नहीं। जैसे एक काठ का टुकड़ा केवल खिलौना बन समुद्र की लहरों द्वारा इधर-उधर फेंका जाता रहता है, उसी प्रकार हमें भी प्रकृति के हाथों खिलौना बनने की आवश्यकता नहीं है। यह विज्ञान चाहता है कि तुम शक्तिशाली बनो, कार्य को अपने ही हाथ में लो, प्रकृति के भरोसे मत छोड़ो और इस छोटे से जीवन के उस पार हो जाओ। यही वह उदात्त ध्येय है।

□

साधन-प्रयोग एवं सावधानी

अपने जीवन में मैंने जो श्रेष्ठतम पाठ पढ़े हैं, उनमें एक यह है कि किसी भी कार्य के साधनों के विषय में उतना ही सावधान रहना चाहिए, जितना कि उसके साध्य के विषय में। जिनसे मैंने यह बात सीखी, वे एक महापुरुष थे। वह महान् सत्य स्वयं उनके जीवन में प्रत्यक्ष रूप में परिणत हुआ था। इस एक सत्य से मैं सर्वदा बड़े-बड़े पाठ सीखता आया हूँ और मेरा यह मत है कि सब प्रकार की सफलताओं की कुंजी इसी तत्त्व में है—साधनों की ओर भी उतना ही ध्यान देना आवश्यक है, जितना साध्य की ओर।

हमारे जीवन में एक बड़ा दोष यह है कि हम आदर्श से ही इतना अधिक आकृष्ट रहते हैं, लक्ष्य हमारे लिए इतना अधिक आकर्षक होता है, ऐसा मोहक होता है और हमारे मानस क्षितिज पर इतना विशाल बन जाता है कि बारीकियाँ हमारी दृष्टि से ओझल हो जाती हैं।

असफलता का कारण

लेकिन कभी असफलता मिलने पर हम यदि बारीकी से उसकी छानबीन करें तो निन्यानबे प्रतिशत यही पाएँगे कि उसका कारण था, हमारा साधनों की ओर ध्यान न देना। हमें आवश्यकता है अपने साधनों को पुष्ट करने की और उन्हें पूर्ण बनाने की। यदि हमारे साधन बिल्कुल ठीक हैं तो साध्य की प्राप्ति होगी ही। हम यह भूल जाते हैं कि कारण ही कार्य का जन्मदाता है, कार्य स्वत: उत्पन्न नहीं हो सकता और जब तक कारण अभीष्ट, समुचित और सशक्त न हो, कार्य की उत्पत्ति नहीं होगी। एक बार हमने ध्येय निश्चित

कर लिया और उसके साधन पक्के कर लिये कि फिर हम ध्येय को लगभग छोड़ सकते हैं; क्योंकि हम आश्वस्त हैं कि यदि साधन पूर्ण हैं तो साध्य तो प्राप्त होगा ही। जब कारण विद्यमान है तो कार्य की उत्पत्ति होगी ही। उसके बारे में विशेष चिंता की कोई आवश्यकता नहीं। यदि कारण के विषय में हम सावधान रहें तो कार्य स्वयं संपन्न हो जाएगा। कार्य है—ध्येय की सिद्धि और कारण है—साधन। इसलिए साधन की ओर ध्यान देते रहना जीवन का एक बड़ा रहस्य है। 'गीता' में भी हमने यही पढ़ा और सीखा है कि हमें लगातार भरसक काम करते ही जाना चाहिए; पर साथ ही ध्यान रहे, हम उसमें आसक्त न हो जाएँ, अर्थात् कार्य से किसी भी विषय द्वारा हमारा ध्यान न हटे; फिर भी हममें यह शक्ति हो कि हम इच्छानुसार कार्य को छोड़ सकें।

यदि हम अपने जीवन का विश्लेषण करें तो हम देखेंगे कि दुःख का सबसे बड़ा हेतु यह है। हम कोई काम हाथ में लेते हैं और अपनी पूरी ताकत उसमें लगा देते हैं; उसमें असफलता होती है, पर फिर भी हम उसका त्याग नहीं कर सकते।

यदि हम अपने जीवन का विश्लेषण करें तो हम देखेंगे कि दुःख का सबसे बड़ा हेतु यह है। हम कोई काम हाथ में लेते हैं और अपनी पूरी ताकत उसमें लगा देते हैं; उसमें असफलता होती है, पर फिर भी हम उसका त्याग नहीं कर सकते। यह आसक्ति ही हमारे दुःख का सबसे बड़ा कारण है। हम जानते हैं कि वह हमें हानि पहुँचा रही है और उसमें चिपके रहने से केवल दुःख ही हाथ आएगा, परंतु फिर भी हम उससे अपना छुटकारा नहीं कर सकते। मधुमक्खी तो शहद चाटने आई थी, पर उसके पैर चिपक गए उस मधुचषक से और वह छुटकारा नहीं पा सकी। बार-बार हम अपनी यही स्थिति अनुभव करते हैं। यही हमारे अस्तित्व का संपूर्ण रहस्य है। हम यहाँ आए थे मधु पीने, पर हम देखते हैं कि हमारे हाथ-पाँव उसमें फँस गए हैं। आए थे पकड़ने के लिए, पर स्वयं ही पकड़े गए! आए थे उपभोग के लिए, पर खुद ही उपभोग्य बन बैठे! आए थे हुकूमत करने, पर हम पर ही हुकूमत

होने लगी! आए थे कुछ काम करने, पर देखते हैं कि हमसे ही काम लिया जा रहा है! हर घड़ी यही अनुभव होता है। हमारे जीवन की छोटी-छोटी बातों का भी यही हाल है। दूसरों के मन हम पर हुकूमत चला रहे हैं और हम सदा यह प्रयत्न कर रहे हैं कि हमारी हुकूमत दूसरों के मनों पर चले। हम जीवन के आनंद का उपभोग करना चाहते हैं, पर वे भोग हमारे प्राणों का ही भक्षण कर जाते हैं। हम प्रकृति से सबकुछ प्राप्त कर लेना चाहते हैं, पर अंततः हम यही देखते हैं कि प्रकृति ने हमारा सर्वस्व हरण कर लिया है। उसने हमें पूरी तौर से चूसकर अलग फेंक दिया है।

दुःख का कारण

> ***दुःख का एकमेव कारण यह है कि हम आसक्त हैं, हम बँधते जा रहे हैं। इसीलिए 'गीता' में कहा है—निरंतर काम करते रहो, पर आसक्त मत होओ, बंधन में मत पड़ो। प्रत्येक वस्तु से अपने आपको स्वतंत्र बना लेने की शक्ति स्वयं में संचित रखो।***

दुःख का एकमेव कारण यह है कि हम आसक्त हैं, हम बँधते जा रहे हैं। इसीलिए 'गीता' में कहा है—निरंतर काम करते रहो, पर आसक्त मत होओ, बंधन में मत पड़ो। प्रत्येक वस्तु से अपने आपको स्वतंत्र बना लेने की शक्ति स्वयं में संचित रखो। वह वस्तु तुम्हें बहुत प्यारी क्यों न हो, तुम्हारा प्राण उसके लिए चाहे जितना ही लालायित क्यों न हो, उसके त्यागने में तुम्हें चाहे जितना कष्ट क्यों न उठाना पड़े, फिर भी अपनी इच्छानुसार उसके त्याग करने की अपनी शक्ति सँजोए रहो। कमजोर न तो इह-जीवन के योग्य हैं, न किसी पर-जीवन के। दुर्बलता से मनुष्य गुलाम बनता है। दुर्बलता से ही सब प्रकार के शारीरिक और मानसिक दुःख आते हैं। दुर्बलता ही मृत्यु है। लाखों-करोड़ों कीटाणु हमारे आसपास हैं; पर जब तक हम दुर्बल नहीं होते, जब तक शरीर उनके प्रति पूर्व-प्रवृत्त नहीं होता, तब तक वे हमें कोई हानि नहीं पहुँचा सकते। ऐसे करोड़ों दुःख रूपी कीटाणु हमारे आसपास क्यों न मँडराते रहें, पर कुछ

चिंता न करो। जब तक हमारा मन कमजोर नहीं होता, तब तक उनकी हिम्मत नहीं कि वे हमारे पास फटकें, उनमें ताकत नहीं कि वे हम पर हमला करें। यह एक बड़ा सत्य है कि बल ही जीवन है और दुर्बलता ही मरण। बल ही अनंत सुख है, अमर और शाश्वत जीवन है और दुर्बलता ही मृत्यु।

आसक्ति ही अभी हमारे सब सुखों की जननी है। हम अपने मित्रों और संबंधियों में आसक्त हैं; हम अपने बौद्धिक और आध्यात्मिक कार्यों में आसक्त हैं; हम बाह्य वस्तुओं में आसक्त हैं। इसलिए कि उनसे हमें सुख मिले, पर क्या इस आसक्ति के अतिरिक्त अन्य और किसी कारण से हम पर दुःख आता है ? अतएव, आनंद प्राप्त करने के लिए हमें अनासक्त होना चाहिए। यदि हममें इच्छा मात्र से अनासक्त होने की शक्ति होती है तो हमें कभी दुःख न होता। केवल वही मनुष्य प्रकृति से पूरा–पूरा लाभ उठा सकता है, जो किसी वस्तु में अपने मन को अपनी समस्त शक्ति के साथ लगा देने के साथ ही अपने को स्वेच्छा से जब उससे अलग हो जाना चाहिए, तब उससे अलग कर लेने का भी सामर्थ्य रखता है। कठिनाई यह है कि आसक्ति और अनासक्ति की क्षमता समान रूप से होनी चाहिए। संसार में ऐसे भी मनुष्य हैं, जो किसी वस्तु द्वारा कभी आकृष्ट नहीं होते। वे कभी प्रेम नहीं कर सकते। वे कठोर हृदय और निर्मम होते हैं। दुनिया के अधिकांश दुःखों से वे मुक्त रहते हैं। किंतु प्रश्न उठ सकता है, दीवार भी कोई दुःख अनुभव नहीं करती, दीवार भी तो कभी प्रेम नहीं करती और न उसे कोई कष्ट होता है, पर दीवार आखिर दीवार ही है! दीवार बनने से तो आसक्त

आसक्ति ही अभी हमारे सब सुखों की जननी है। हम अपने मित्रों और संबंधियों में आसक्त हैं; हम अपने बौद्धिक और आध्यात्मिक कार्यों में आसक्त हैं; हम बाह्य वस्तुओं में आसक्त हैं। इसलिए कि उनसे हमें सुख मिले, पर क्या इस आसक्ति के अतिरिक्त अन्य और किसी कारण से हम पर दुःख आता है? अतएव, आनंद प्राप्त करने के लिए हमें अनासक्त होना चाहिए।

होना और बँध जाना निश्चय ही अच्छा है। अतएव, जो मनुष्य कभी प्रेम नहीं करता, जो कठोर और पाषाण हृदय है और इसी कारण जीवन के अनेक दुःखों से छुटकारा पा जाता है, वह जीवन के अनेक सुखों से भी हाथ धो बैठता है। हम यह नहीं चाहते। यह तो दुर्बलता है, यह तो मृत्यु है। जो कभी दुःख नहीं अनुभव करती, जो कभी दुर्बलता नहीं महसूस करती, वह आत्मा अभी अजाग्रत् है। यह एक निष्ठुर दशा है। हम यह नहीं चाहते।

पर साथ ही हम केवल इतना ही नहीं चाहते कि यह प्रेम की अथवा आसक्ति की महान् शक्ति, एक ही वस्तु पर सारी लगन लगा देने की ताकत या दूसरों के लिए अपना सर्वस्व खो बैठने और स्वयं का विनाश तक कर डालने का देव-सुलभ गुण हमें उपलब्ध हो जाए; वरन् हम देवताओं से भी उच्चतर होना चाहते हैं। सिद्ध पुरुष अपनी संपूर्ण लगन प्रेम की वस्तु पर लगा सकता है और फिर भी अनासक्त रह सकता है। यह कैसे संभव होता है? यह एक दूसरा रहस्य है, जो सीखना चाहिए।

भिखारी कभी सुखी नहीं होता। उसे केवल भीख ही मिलती है और यह भी दया और तिरस्कार से युक्त; उसके पीछे कम-से-कम यह कल्पना तो अवश्य ही होती है कि भिखारी एक निकृष्ट जीव है। जो कुछ वह पाता है, उसका सच्चा उपभोग उसे कभी नहीं मिलता।

भिखारी कभी सुखी नहीं होता। उसे केवल भीख ही मिलती है और यह भी दया और तिरस्कार से युक्त; उसके पीछे कम-से-कम यह कल्पना तो अवश्य ही होती है कि भिखारी एक निकृष्ट जीव है। जो कुछ वह पाता है, उसका सच्चा उपभोग उसे कभी नहीं मिलता।

हम सब भिखारी हैं। जो कुछ हम करते हैं, उसके बदले में हम कुछ चाह रखते हैं। हम लोग हैं व्यापारी। हम जीवन के व्यापारी हैं, शील के व्यापारी हैं, धर्म के व्यापारी हैं। अफसोस! हम प्यार के भी व्यापारी हैं।

यदि तुम व्यापार करने चलो, यदि यह लेन-देन का सवाल है, बेचने और मोल लेने का सवाल है, तो तुम्हें क्रय और विक्रय के नियमों का पालन

करना होगा। कभी समय अच्छा होता है, कभी बुरा। भाव में चढ़ाव-उतार होता ही रहता है और कभी चोट खा जाने की आशा तुम कर सकते हो। व्यापार तो आईने में मुँह देखने के समान है। तुम्हारा प्रतिबिंब उसमें पड़ता है। तुम मुँह बनाओ और आईने में मुँह बन जाता है। तुम हँसो और आईना हँसने लगता है। यह है खरीद और बिक्री, लेन और देन!

हम फँस जाते हैं। कैसे? उससे नहीं, जिसे हम देते हैं, वरन उससे, जिसके पाने की हम अपेक्षा करते हैं। हमारे प्यार के बदले हमें मिलता है दुःख। इसलिए नहीं कि हम प्यार करते हैं, वरन् इसलिए कि हम बदले में चाहते हैं प्यार। जहाँ चाह नहीं है, वहाँ दुःख भी नहीं है। वासना, चाह, यही दुःखों की जननी है। वासना सफलता और असफलता के नियमों से बद्ध है। वासनाओं का परिणाम दुःख ही होता है।

हम फँस जाते हैं। कैसे? उससे नहीं, जिसे हम देते हैं, वरन् उससे, जिसके पाने की हम अपेक्षा करते हैं। हमारे प्यार के बदले हमें मिलता है दुःख। इसलिए नहीं कि हम प्यार करते हैं, वरन् इसलिए कि हम बदले में चाहते हैं प्यार। जहाँ चाह नहीं है, वहाँ दुःख भी नहीं है। वासना, चाह, यही दुःखों की जननी है।

सुख का रहस्य

अतएव, सच्चे सुख और यथार्थ सफलता का महान् रहस्य यह है कि बदले में कुछ भी न चाहनेवाला बिल्कुल निस्स्वार्थी व्यक्ति ही सबसे अधिक सफल व्यक्ति होता है। यह तो एक विरोधाभास-सा है; क्योंकि क्या हम यह नहीं जानते कि जो निस्स्वार्थी हैं, वे इस जीवन में ठगे जाते हैं, उन्हें चोट पहुँचती है? ऊपरी तौर से देखो तो यह बात सच मालूम होती है। 'ईसा मसीह निस्स्वार्थी थे, पर तो भी उन्हें सूली पर चढ़ाया गया', यह सच है; किंतु हम यह भी जानते हैं कि उनकी निस्स्वार्थपरता एक महान् विजय का कारण है और वह विजय है—कोटि-कोटि जीवनों पर सच्ची सफलता के वरदान की वर्षा।

कुछ भी न माँगो, बदले में कोई चाह न रखो। तुम्हें जो कुछ देना हो, दे

दो। वह तुम्हारे पास वापस आ जाएगा, लेकिन आज ही उसका विचार मत करो। वह हजार गुना होकर वापस आएगा, पर तुम अपनी दृष्टि उधर मत रखो। देने की ताकत पैदा करो। दे दो और बस, काम खत्म हो गया। यह बात जान लो कि संपूर्ण जीवन दान-स्वरूप है; प्रकृति तुम्हें देने के लिए बाध्य करेगी, इसलिए स्वेच्छापूर्वक दो। एक-न-एक दिन तुम्हें दे देना ही पड़ेगा। इस संसार में तुम जोड़ने के लिए आते हो। मुट्ठी बाँधकर तुम चाहते हो लेना, लेकिन प्रकृति तुम्हारा गला दबाती है और तुम्हें मुट्ठी खोलने को मजबूर करती है।

प्रकृति की यह उदात्त माँग पूरी करने के लिए हम तैयार नहीं हैं; और यही है हमारे दुःख का कारण। जंगल साफ हो जाते हैं, पर बदले में हमें उष्णता मिलती है। सूर्य समुद्र से पानी लेता है, इसलिए कि वह वर्षा करे। तुम भी लेन-देन के यंत्र मात्र हो। तुम इसलिए लेते हो कि तुम दो। बदले में कुछ भी मत माँगो।

तुम्हारी इच्छा हो या न हो, तुम्हें देना ही पड़ेगा। जिस क्षण तुम कहते हो कि 'मैं नहीं दूँगा', एक घूँसा पड़ता है और तुम चोट खा जाते हो। दुनिया में आए हुए प्रत्येक व्यक्ति को अंत में अपना सर्वस्व दे देना होगा। इस नियम के विरुद्ध बरतने का मनुष्य जितना अधिक प्रयत्न करता है, उतना ही अधिक वह दुःखी होता है। हममें देने की हिम्मत नहीं है। प्रकृति की यह उदात्त माँग पूरी करने के लिए हम तैयार नहीं हैं; और यही है हमारे दुःख का कारण। जंगल साफ हो जाते हैं, पर बदले में हमें उष्णता मिलती है। सूर्य समुद्र से पानी लेता है, इसलिए कि वह वर्षा करे। तुम भी लेन-देन के यंत्र मात्र हो। तुम इसलिए लेते हो कि तुम दो। बदले में कुछ भी मत माँगो। तुम जितना ही अधिक दोगे, उतना ही अधिक तुम्हें वापस मिलेगा। जितनी ही जल्दी इस कमरे की हवा तुम खाली करोगे, उतनी ही जल्दी यह बाहरी हवा से भर जाएगा। पर यदि तुम सब दरवाजे-खिड़कियाँ और रंध्र बंद कर लो तो अंदर की हवा अंदर रहेगी जरूर, किंतु बाहरी हवा कभी अंदर नहीं आएगी, जिससे अंदर की हवा दूषित, गंदी और विषैली बन जाएगी। नदी अपने आपको

समुद्र में लगातार खाली किए जा रही है और वह फिर से लगातार भरती आ रही है। समुद्र की ओर गमन बंद मत करो। जिस क्षण तुम ऐसा करते हो, मृत्यु तुम्हें आ दबाती है।

अनासक्त बनो

इसलिए भिखारी मत बनो, अनासक्त रहो। जीवन का यही एक अत्यंत कठिन कार्य है; पर मार्ग की आपत्तियों के संबंध में सोचते मत रहो। कल्पना-शक्ति द्वारा आपत्तियों का चित्र बड़ा करने से भी हमें उनका सच्चा ज्ञान नहीं होता, जब तक हम उनका प्रत्यक्ष अनुभव न करें। दूर से उद्यान का विहंगम दृश्य दिख सकता है; पर इससे क्या? इसका सच्चा ज्ञान और अनुभव तो अंदर जाने पर हमें होता है। चाहे हमें प्रत्येक कार्य में असफलता मिले, हमारे टुकड़े-टुकड़े हो जाएँ और खून की धार बहने लगे, फिर भी हमें अपना हृदय थामकर रखना होगा। इन आपत्तियों में ही अपने ईश्वरत्व की हमें घोषणा करनी होगी। प्रकृति चाहती है कि हम प्रतिक्रिया करें; घूँसे के लिए घूँसा, झूठ के लिए झूठ और चोट के लिए भरसक चोट लगाएँ। पर बदले में प्रतिघात न करने के लिए, संतुलन बनाए रखने के लिए तथा अनासक्त होने के लिए परादैवी शक्ति की आवश्यकता होती है।

> ***जीवन का यही एक अत्यंत कठिन कार्य है; पर मार्ग की आपत्तियों के संबंध में सोचते मत रहो। कल्पना-शक्ति द्वारा आपत्तियों का चित्र बड़ा करने से भी हमें उनका सच्चा ज्ञान नहीं होता, जब तक हम उनका प्रत्यक्ष अनुभव न करें।***

मुझे इन कठिनाइयों का ज्ञान है। वे भयानक हैं। नब्बे प्रतिशत निराश हो धैर्य खो बैठते हैं। वे प्रायः निराशावादी बन जाते हैं और प्रेम तथा सच्चाई में विश्वास करना छोड़ देते हैं। जो कुछ दिव्य एवं भव्य है, उस पर से भी उनका विश्वास उठ जाता है। इसलिए हम देखते हैं कि जो मनुष्य जीवन के आरंभ में क्षमाशील, दयालु, सरल और निष्पाप थे, बुढ़ापे में झूठे और पाखंडी बन जाते हैं। उनके मन जटिलताओं से भर जाते हैं। संभव है कि उसमें उनकी बाह्य नीति हो। हो सकता है कि इनमें से अधिकांश लोग ऊपर से गरम मिजाज के

न हों, वे कुछ बोलते न हों; पर यह उनके लिए अच्छा होता कि वे बोलते। उनके हृदय की स्फूर्ति मर चुकी है और इसीलिए वे नहीं बोलते। वे न तो शाप देते हैं और न क्रोध करते हैं; पर यह उनके लिए अधिक अच्छा होता, यदि वे क्रोध कर सकते; हजार गुना अच्छा होता, यदि वे शाप दे सकते। वे असमर्थ हैं। उनके हृदय में मृत्यु है, क्योंकि ठंडे हाथों ने उसको ऐसा जकड़ लिया है कि वह अब एक शाप देने या एक कड़ा शब्द कहने तक के लिए भी स्पंदित नहीं हो सकता।

यह आवश्यक है कि हम इन सबसे बचें। इसीलिए मैं कहता हूँ कि हमें परादैवी शक्ति की जरूरत है। अतिमानवी शक्ति पर्याप्त नहीं है। परादैवी शक्ति ही छुटकारे का एकमेव मार्ग है। केवल उसी के बल पर हम इन उलझनों और जटिलताओं में से, आपत्तियों की इन बौछारों में से बिना झुलसे पार जा सकते हैं। चाहे हम चीर डाले जाएँ और हमारे चिथड़े-चिथड़े कर दिए जाएँ, पर हमारा हृदय सर्वदा अधिकाधिक उदार ही होता जाना चाहिए।

यह आवश्यक है कि हम इन सबसे बचें। इसीलिए मैं कहता हूँ कि हमें परादैवी शक्ति की जरूरत है। अतिमानवी शक्ति पर्याप्त नहीं है। परादैवी शक्ति ही छुटकारे का एकमेव मार्ग है। केवल उसी के बल पर हम इन उलझनों और जटिलताओं में से, आपत्तियों की इन बौछारों में से बिना झुलसे पार जा सकते हैं।

कठिनाई दूर करने के लिए अभ्यास

यह बहुत कठिन है, पर यह कठिनाई लगातार अभ्यास द्वारा दूर की जा सकती है। हमें यह ध्यान रखना चाहिए कि जब तक हम अपने आप को दुर्बल न बनाएँ, तब तक हम पर कुछ नहीं हो सकता। मैंने अभी ही कहा है कि जब तक शरीर रोग के प्रति पूर्व-प्रवृत्त न हो, मुझे कोई रोग न होगा। रोग होना केवल कीटाणुओं पर ही अवलंबित नहीं है, बल्कि शरीर की पूर्वानुकूलता पर भी निर्भर है। हमें वही मिलता है, जिसके हम पात्र हैं। आओ, हम अपना

अभियान छोड़ दें और यह समझ लें कि हम पर आई हुई कोई भी आपत्ति ऐसी नहीं है, जिसके हम पात्र न थे। फिजूल चोट कभी नहीं पड़ी; ऐसी कोई बुराई नहीं है, जो मैंने स्वयं अपने हाथों न बुलाई हो। इसका हमें ज्ञान होना चाहिए। तुम आत्मनिरीक्षण कर देखो तो पाओगे कि ऐसी एक भी चोट तुम्हें नहीं लगी, जो स्वयं तुम्हारी ही की गई न हो। आधा काम तुमने किया और आधा बाहरी दुनिया ने और इस तरह तुम्हें चोट लगी। यह विचार हमें गंभीर बना देगा और साथ ही, इस विश्लेषण से आशा की आवाज आएगी, 'बाह्य जगत् पर मेरा नियंत्रण भले न हो, पर जो मेरे अंदर है, जो मेरे अधिक निकट है, वह मेरा अंतर्जगत् मेरे अधिकार में है। यदि असफलता के लिए इन दोनों के संयोग की आवश्यकता होती हो, यदि चोट लगने के लिए इन दोनों का इकट्ठा होना जरूरी हो, तो मेरे अधिकार में जो दुनिया है, उसे मैं न छोड़ूँगा। फिर देखूँगा कि मुझे चोट कैसे लगती है? यदि मैं स्वयं पर सच्चा प्रभुत्व पा जाऊँ तो चोट कभी न लग सकेगी।'

हम बचपन से ही सर्वदा अपने से बाहर किसी दूसरी वस्तु पर दोष मढ़ने का प्रयत्न किया करते हैं। हम सदा दूसरों के सुधार में तत्पर रहते हैं, पर अपने सुधार में नहीं। यदि हम दुःखी होते हैं तो चिल्लाते हैं कि 'यह तो शैतान की दुनिया है!' हम दूसरों को दोष देते हैं और कहते हैं, 'कैसे मोहग्रस्त पागल हैं!' पर यदि हम सचमुच इतने अच्छे हैं तो हम ऐसी दुनिया में भला रहते कैसे हैं? यदि शैतान की दुनिया है तो हम भी शैतान ही हैं, नहीं तो हम यहाँ क्यों रहते? 'ओह, संसार के लोग कितने स्वार्थी हैं!' सच है, पर यदि हम उनसे अच्छे हैं, फिर हमारा उनसे संबंध कैसे हुआ? जरा यह सोचो तो!

हम बचपन से ही सर्वदा अपने से बाहर किसी दूसरी वस्तु पर दोष मढ़ने का प्रयत्न किया करते हैं। हम सदा दूसरों के सुधार में तत्पर रहते हैं, पर अपने सुधार में नहीं। यदि हम दुःखी होते हैं तो चिल्लाते हैं कि 'यह तो शैतान की दुनिया है!' हम दूसरों को दोष देते हैं और कहते हैं, 'कैसे मोहग्रस्त पागल हैं!'

पात्र और प्राप्ति

जिसके हम पात्र हैं, वही हम पाते हैं। जब हम कहते हैं कि दुनिया बुरी है और हम अच्छे, तो यह सरासर झूठ है। ऐसा कभी हो नहीं सकता। यह एक भीषण असत्य है, जो हम अपने से कहते हैं।

अतएव सीखने का पहला पाठ यह है, निश्चय कर लो कि बाहरी किसी भी वस्तु पर तुम दोष न मढ़ोगे, उसे अभिशाप न दोगे। इसके विपरीत, मनुष्य बनो, उठ खड़े हो और दोष स्वयं अपने ऊपर मढ़ो। तुम अनुभव करोगे कि यह सर्वदा सत्य है। स्वयं अपने को वश में करो।

अपनी चिंता हमें स्वयं ही करनी है। इतना तो हम कर ही सकते हैं। हमें कुछ समय तक दूसरों की ओर ध्यान देने का खयाल छोड़ देना चाहिए। आओ, हम अपने साधनों को पूर्ण बना लें, फिर साध्य अपनी चिंता स्वयं कर लेगा; क्योंकि दुनिया तभी पवित्र और अच्छी हो सकती है, जब हम स्वयं पवित्र और अच्छे हों। वह है कार्य और हम हैं उसके कारण। इसलिए आओ, हम अपने आपको पवित्र बना लें! आओ, हम अपने आपको पूर्ण बना लें!

□

अंतर्निहित पूर्णता की अभिव्यक्ति

मनुष्य की अंतर्निहित पूर्णता को अभिव्यक्त करना ही शिक्षा है। ज्ञान मनुष्य में स्वभाव-सिद्ध है। कोई भी ज्ञान बाहर से नहीं आता; सब अंदर ही है। हम जो कहते हैं कि मनुष्य 'जानता' है, यथार्थ में, मानस शास्त्र संगत भाषा में, हमें कहना चाहिए कि वह 'आविष्कार करता' है, 'अनावृत्त' या 'प्रकट' करता है। मनुष्य जो कुछ 'सीखता' है, वह वास्तव में 'आविष्कार करना' ही है। 'आविष्कार' का अर्थ है—मनुष्य का अपनी अनंत ज्ञानस्वरूप आत्मा के ऊपर से आवरण को हटा लेना। हम कहते हैं कि न्यूटन ने गुरुत्वाकर्षण का आविष्कार किया, तो क्या वह आविष्कार कहीं एक कोने में न्यूटन की राह देखते बैठा था? नहीं, वह उसके मन में ही था। जब समय आया तो उसने उसे जान लिया या ढूँढ़ निकाला। संसार को जो कुछ ज्ञान प्राप्त हुआ है, वह सब मन से ही निकला है। विश्व का असीम ज्ञान भंडार स्वयं तुम्हारे मन में है। बाहरी संसार तो एक सुझाव, एक प्रेरक मात्र है, जो तुम्हें अपने ही मन का अध्ययन करने के लिए प्रेरित करता है। सेब के गिरने से न्यूटन को कुछ सूझ पड़ा और उसने अपने मन का अध्ययन किया। उसने अपने मन में विचार की पुरानी कड़ियों को फिर से व्यवस्थित किया और वह उनमें एक नई कड़ी को देख पाया। जिसे हम 'गुरुत्वाकर्षण का नियम' कहते हैं, वह न तो सेवा में था और न पृथ्वी के केंद्रस्थ किसी वस्तु में।

ज्ञान भीतर है

अत: समस्त ज्ञान, चाहे वह लौकिक हो या आध्यात्मिक, मनुष्य के मन

में है। बहुधा वह प्रकाशित न होकर ढका रहता है और जब आवरण धीरे-धीरे हटता जाता है तो हम कहते हैं कि 'हम सीख रहे हैं'। ज्यों-ज्यों इस आविष्करण की क्रिया बढ़ती जाती है, त्यों-त्यों हमारे ज्ञान की वृद्धि होती जाती है। जिस मनुष्य पर से यह आवरण उठता जा रहा है, वह अन्य व्यक्तियों की अपेक्षा अधिक ज्ञानी है और जिस पर यह आवरण तह-पर-तह पड़ा हुआ है, वह अज्ञानी है। जिस पर यह आवरण पूरा हट जाता है, वह सर्वज्ञ, सर्वदर्शी हो जाता है। चकमक पत्थर के टुकड़े में अग्नि के समान ज्ञान मन में निहित है। सुझाव या उद्दीपक कारण ही वह घर्षण है, जो उस ज्ञानाग्नि को प्रकाशित कर देता है। सभी ज्ञान और सभी शक्तियाँ भीतर हैं। हम जिन्हें शक्तियाँ, प्रकृति के रहस्य या बल कहते हैं, वे सब भीतर ही हैं। मनुष्य की आत्मा से ही सारा ज्ञान आता है। जो ज्ञान सनातन काल से मनुष्य के भीतर निहित है, उसी को वह बाहर प्रकट करता है, अपने भीतर देख पाता है।

कभी किसी व्यक्ति ने किसी दूसरे को नहीं सिखाया। हममें से प्रत्येक ने अपने आपको सिखाया होगा। बाहर के गुरु तो केवल सुझाव या प्रेरणा देनेवाले कारण मात्र हैं, जो हमारे अंतःस्थ गुरु को सब विषयों का मर्म समझने के लिए उद्बोधित कर देते हैं।

अनंत शक्तिशाली आत्मा

वास्तव में, कभी किसी व्यक्ति ने किसी दूसरे को नहीं सिखाया। हममें से प्रत्येक ने अपने आपको सिखाया होगा। बाहर के गुरु तो केवल सुझाव या प्रेरणा देनेवाले कारण मात्र हैं, जो हमारे अंतःस्थ गुरु को सब विषयों का मर्म समझने के लिए उद्बोधित कर देते हैं। तब फिर सब बातें हमारे ही अनुभव और विचार की शक्ति द्वारा स्पष्टतर हो जाएँगी और हम अपनी आत्मा में उनकी अनुभूति करने लगेंगे। वह समूचा विशाल वटवृक्ष, जो आज कई एकड़ जमीन घेरे हुए है, उस छोटे से बीज में था, जो शायद सरसों के

दाने के अष्टमांश से बड़ा नहीं था। सारी शक्ति राशि उस बीज में निबद्ध थी। हम जानते हैं कि विशाल बुद्धि एक छोटे से जीवाणु कोष में सिमटी हुई रहती है। यह भले ही एक पहेली-सा प्रतीत हो, पर है यह सत्य। हममें से हर कोई एक जीवाणु कोष से उत्पन्न हुआ है और हमारी सारी शक्तियाँ उसी में सिकुड़ी हुई थीं। तुम यह नहीं कह सकते कि वे खाद्यान्न से उत्पन्न हुई हैं; क्योंकि यदि तुम अन्न का एक पर्वत भी खड़ा कर दो तो क्या उसमें से कोई शक्ति प्रकट होगी? शक्ति वहीं थी, भले ही वह अव्यक्त या प्रसुप्त रही हो, पर थी वहीं। उसी तरह मनुष्य की आत्मा में अनंत शक्ति निहित है, चाहे वह यह जानता हो या न जानता हो। इसको जानना, इसका बोध होना ही इसका प्रकट होना है।

अंतःस्थ दिव्य ज्योति बहुतेरे मनुष्यों में अवरुद्ध रहती है। वह लोहे की पेटी में बंद दीपक के समान है—थोड़ा सा भी प्रकाश बाहर नहीं आ सकता। पवित्रता और निस्स्वार्थता द्वारा हम उस अवरोधक माध्यम की सघनता को धीरे-धीरे झीना करते जाते हैं और अंत में वह काँच के समान पारदर्शक बन जाता है।

पारदर्शक आवरण

अंतःस्थ दिव्य ज्योति बहुतेरे मनुष्यों में अवरुद्ध रहती है। वह लोहे की पेटी में बंद दीपक के समान है—थोड़ा सा भी प्रकाश बाहर नहीं आ सकता। पवित्रता और निस्स्वार्थता द्वारा हम उस अवरोधक माध्यम की सघनता को धीरे-धीरे झीना करते जाते हैं और अंत में वह काँच के समान पारदर्शक बन जाता है। श्रीरामकृष्ण लोहे से काँच में परिवर्तित पेटी के समान थे, जिसमें से भीतर का प्रकाश ज्यों-का-त्यों दिख सकता है।

बालक स्वयं सीखता है

तुम किसी बालक को शिक्षा देने में उसी प्रकार असमर्थ हो, जैसे कि किसी पौधे को बढ़ाने में। पौधा अपनी प्रकृति का विकास आप ही कर लेता है। बालक भी अपने आपको शिक्षित करता है; पर हाँ, तुम उसे अपने ही

ढंग से आगे बढ़ने में सहायता दे सकते हो। तुम जो कुछ कर सकते हो, वह निषेधात्मक ही होगा, विधि-आत्मक नहीं। तुम केवल बाधाओं को हटा सकते हो और बस, ज्ञान अपने स्वाभाविक रूप से प्रकट हो जाएगा। जमीन को कुछ पोली बना दो, ताकि उसमें से उगना आसान हो जाए। उसके चारों ओर घेरा बना दो और देखते रहो कि कोई उसे नष्ट न कर दे। उस बीज से उगते हुए पौधे की शारीरिक बनावट के लिए तुम मिट्‌टी, पानी और समुचित वायु का प्रबंध कर सकते हो और बस, यहीं तुम्हारा कार्य समाप्त हो जाता है। वह अपनी प्रकृति के अनुसार जो भी आवश्यक हो, ले लेगा। वह अपनी प्रकृति से ही सब को पचाकर बढ़ेगा। बस, ऐसा ही बालक की शिक्षा के बारे में है। बालक स्वयं अपने आपको शिक्षित करता है। शिक्षक ऐसा समझकर कि वह शिक्षा दे रहा है, सब कार्य बिगाड़ डालता है। समस्त ज्ञान मनुष्य के अंतर में अवस्थित है। उसे केवल जागृति, केवल प्रबोधन की आवश्यकता है और बस, इतना ही शिक्षक का कार्य है। हमें बालकों के लिए केवल इतना ही करना है कि वे अपने हाथ, पैर, कान और आँखों के उचित उपयोग के लिए अपनी बुद्धि का प्रयोग करना सीखें।

एक व्यक्ति को किसी ने सलाह दी कि गधे को पीटने से वह घोड़ा बन सकता है। गधे के मालिक ने उसे घोड़ा बनाने की इच्छा से इतना पीटा कि वह बेचारा गधा मर ही गया! तो इस प्रकार लड़कों को ठोंक-पीटकर शिक्षित बनाने की जो प्रणाली है, उसका अंत कर देना चाहिए।

स्वाभाविक विकास

एक व्यक्ति को किसी ने सलाह दी कि गधे को पीटने से वह घोड़ा बन सकता है। गधे के मालिक ने उसे घोड़ा बनाने की इच्छा से इतना पीटा कि वह बेचारा गधा मर ही गया! तो इस प्रकार लड़कों को ठोंक-पीटकर शिक्षित बनाने की जो प्रणाली है, उसका अंत कर देना चाहिए। माता-पिता के

अनुचित दबाव के कारण हमारे बालकों को विकास का स्वतंत्र अवसर प्राप्त नहीं होता। हर एक में ऐसी असंख्य प्रवृत्तियाँ रहा करती हैं, जिनके विकास के लिए समुचित क्षेत्र की आवश्यकता होती है। सुधार के लिए बलात् उद्योग करने का परिणाम सदैव उलटा ही होता है। यदि तुम किसी को सिंह बनने न दोगे तो वह सियार ही बनेगा।

विधायक विचार

हमें विधायक विचार सामने रखने चाहिए। निषेधात्मक विचार लोगों को दुर्बल बना देते हैं। क्या तुमने यह नहीं देखा कि जहाँ माता-पिता पढ़ने-लिखने के लिए अपने बालकों के सदा पीछे लगे रहते हैं और कहा करते हैं कि तुम कभी कुछ सीख नहीं सकते, तुम गधे बने रहोगे, वहाँ बालक यथार्थ में वैसे ही बन जाते हैं! यदि तुम उनसे सहानुभूति भरी बातें करो और उन्हें उत्साह दो तो समय पाकर उनकी उन्नति होना निश्चित है। यदि तुम उनके सामने विधायक विचार रखो तो उनमें मनुष्यत्व आएगा और वे अपने पैरों पर खड़े होना सीखेंगे। भाषा और साहित्य, काव्य और कला—हर एक विषय में हमें मनुष्यों को उनके विचार और कार्य की भूलें नहीं बतानी चाहिए, वरन् उन्हें वह मार्ग दिखा देना चाहिए, जिससे वे इन सब बातों को और भी सुचारु रूप से कर सकें। विद्यार्थी की आवश्यकता के अनुसार शिक्षा में परिवर्तन होना चाहिए। अतीत के जीवनों ने हमारी प्रवृत्तियों को गढ़ा है, इसलिए विद्यार्थी को उसकी प्रवृत्तियों के अनुसार मार्ग दिखाना चाहिए। जो जहाँ पर है, उसे वहीं से आगे बढ़ाओ। हमने देखा है कि जिनको हम निकम्मा समझते थे, उनको भी श्रीरामकृष्णदेव ने किस प्रकार उत्साहित किया और

हमें विधायक विचार सामने रखने चाहिए। निषेधात्मक विचार लोगों को दुर्बल बना देते हैं। क्या तुमने यह नहीं देखा कि जहाँ माता-पिता पढ़ने-लिखने के लिए अपने बालकों के सदा पीछे लगे रहते हैं और कहा करते हैं कि तुम कभी कुछ सीख नहीं सकते, तुम गधे बने रहोगे, वहाँ बालक यथार्थ में वैसे ही बन जाते हैं!

उनके जीवन का प्रवाह बिल्कुल बदल दिया! उन्होंने कभी भी किसी मनुष्य की विशेष प्रवृत्तियों को नष्ट नहीं किया। उन्होंने अत्यंत पतित मनुष्यों के प्रति भी आशा और उत्साहपूर्ण वचन कहे और उन्हें ऊपर उठा दिया।

पूजा-भाव से सेवा

स्वाधीनता ही विकास की पहली शर्त है। यदि कोई यह कहने का दुस्साहस करे कि 'मैं इस नारी या इस बालक के उद्धार का उपाय करूँगा', तो वह गलत है, हजार बार गलत है। दूर हट जाओ! वे अपनी समस्याओं को स्वयं हल कर लेंगे। तुम सर्वज्ञता का दंभ भरनेवाले होते कौन हो?

स्वाधीनता ही विकास की पहली शर्त है। यदि कोई यह कहने का दुस्साहस करे कि 'मैं इस नारी या इस बालक के उद्धार का उपाय करूँगा', तो वह गलत है, हजार बार गलत है। दूर हट जाओ! वे अपनी समस्याओं को स्वयं हल कर लेंगे। तुम सर्वज्ञता का दंभ भरनेवाले होते कौन हो? तुममें ऐसे दुस्साहस का विचार कैसे आया कि ईश्वर पर भी तुम्हारा अधिकार है? क्या तुम नहीं जानते कि प्रत्येक आत्मा ईश्वर है? हर एक को भगवत्-स्वरूप समझो। तुम केवल सेवा कर सकते हो। प्रभु की, संतों की सेवा करो, जब कभी तुम्हें अवसर मिले। यदि प्रभु की इच्छा से तुम उनकी किसी संतान की सेवा कर सको तो सचमुच तुम धन्य हो। तुम धन्य हो कि वह सौभाग्य तुम्हें प्राप्त हुआ और दूसरे उससे वंचित रहे। उस कार्य को पूजा की ही भावना से करो।

विचारों को आत्मसात् करना

शिक्षा विविध जानकारियों का ढेर नहीं है, जो तुम्हारे मस्तिष्क में ठूँस दी गई हैं और जो आत्मसात् हुए बिना वहाँ आजन्म पड़ी रहकर गड़बड़ मचाया करती हैं। हमें उन विचारों की अनुभूति कर लेने की आवश्यकता है, जो जीवन-निर्माण, 'मनुष्य'-निर्माण तथा चरित्र-निर्माण में सहायक हों। यदि तुम केवल पाँच ही परखे हुए विचार आत्मसात् कर उनके अनुसार अपने

जीवन और चरित्र का निर्माण कर लेते हो तो तुम एक पूरे ग्रंथालय को कंठस्थ करनेवाले की अपेक्षा अधिक शिक्षित हो। यदि शिक्षा का अर्थ जानकारी ही होता, तब तो पुस्तकालय संसार में सबसे बड़े संत हो जाते और विश्वकोश महान् ऋषि बन जाते!

गलत शिक्षा

विदेशी भाषा में दूसरे के विचारों को रटकर, अपने मस्तिष्क में उन्हें ठूँसकर और विश्वविद्यालयों की कुछ पदवियाँ प्राप्त करके तुम अपने को शिक्षित समझते हो! क्या यही शिक्षा है? तुम्हारी शिक्षा का उद्‌देश्य क्या है? या तो मुंशीगीरी मिलना या वकील हो जाना या अधिक-से-अधिक डिप्टी मजिस्ट्रेट बन जाना, जो मुंशीगीरी का ही दूसरा रूप है। बस, यही न! इससे तुमको या तुम्हारे देश को क्या लाभ होगा? आँखें खोलकर देखो, जो भरतखंड अन्न का अक्षय भंडार रहा है, आज इस अभाव की पूर्ति करेगा? वह शिक्षा, जो जन-समुदाय को जीवन-संग्राम के उपयुक्त नहीं बनाती, जो उनकी चारित्रिक शक्ति का विकास नहीं करती, जो उनमें करुणा व दया का भाव और सिंह का साहस पैदा नहीं करती, क्या उसे भी हम शिक्षा का नाम दे सकते हैं?

विदेशी भाषा में दूसरे के विचारों को रटकर, अपने मस्तिष्क में उन्हें ठूँसकर और विश्वविद्यालयों की कुछ पदवियाँ प्राप्त करके तुम अपने को शिक्षित समझते हो! क्या यही शिक्षा है? तुम्हारी शिक्षा का उद्‌देश्य क्या है? या तो मुंशीगीरी मिलना या वकील हो जाना या अधिक-से-अधिक डिप्टी मजिस्ट्रेट बन जाना, जो मुंशीगीरी का ही दूसरा रूप है।

शिक्षा कैसी हो?

हमें तो ऐसी शिक्षा चाहिए, जिससे चरित्र बने, मानसिक बल बढ़े, बुद्धि का विकास हो और जिससे मनुष्य अपने पैरों पर खड़ा हो सके। हमें आवश्यकता इस बात की है कि हम विदेशी अधिकार से स्वतंत्र रहकर अपने निजी ज्ञान भंडार की विभिन्न शाखाओं का और उसके साथ ही अंग्रेजी भाषा

व पाश्चात्य विज्ञान का अध्ययन करें। हमें यांत्रिक और ऐसी सभी शिक्षाओं की आवश्यकता है, जिनसे उद्योग-धंधों की वृद्धि और विकास हो, जिनसे मनुष्य नौकरी के लिए मारा-मारा फिरने के बदले अपनी आवश्यकताओं की पूर्ति के लिए पर्याप्त कमाई कर सके और आपत्काल के लिए संचय भी कर सके।

'मनुष्य'-निर्माण

सभी प्रकार की शिक्षा और अभ्यास का उद्देश्य 'मनुष्य'-निर्माण ही हो। सारे प्रशिक्षणों का अंतिम ध्येय मनुष्य का विकास करना ही है। जिस प्रक्रिया से मनुष्य की इच्छाशक्ति का प्रवाह और प्रकाश संयमित होकर फलदायी बन सके, उसी का नाम शिक्षा है। आज हमारे देश को जिस चीज की आवश्यकता है, वह है लोहे की मांसपेशियाँ और फौलाद के स्नायु—दुर्दमनीय प्रचंड इच्छा-शक्ति, जो सृष्टि के गुप्त तथ्यों व रहस्यों को भेद सके और जिस उपाय से भी हो, अपने उद्देश्य की पूर्ति करने में समर्थ हो, फिर चाहे उसके लिए समुद्र-तल में ही क्यों न जाना पड़े, साक्षात् मृत्यु का ही सामना क्यों न करना पड़े! हम 'मनुष्य' बनानेवाला धर्म ही चाहते हैं। हम 'मनुष्य' बनानेवाला सिद्धांत ही चाहते हैं। हम सर्वत्र, सभी क्षेत्रों में 'मनुष्य' बनानेवाली शिक्षा ही चाहते हैं।

□

एकाग्रता

ज्ञान की प्राप्ति के लिए केवल एक ही मार्ग है और वह है 'एकाग्रता'। 'मन की एकाग्रता' ही शिक्षा का संपूर्ण सार है। ज्ञानार्जन के लिए निम्नतम श्रेणी के मनुष्य से लेकर उच्चतम योगी तक को इसी एक मार्ग का अवलंबन करना पड़ता है। रसायनज्ञ अपनी प्रयोगशाला में अपने मन की सारी शक्तियों को एकाग्र करके एक ही केंद्र में स्थिर करता है और तत्त्वों पर लगाता है। उससे तत्त्व विश्लेषित हो जाते हैं और उसे ज्ञान की प्राप्ति हो जाती है। ज्योतिषी अपने मन की शक्तियों को एकाग्र करके एक ही केंद्र पर लाता है और दूरदर्शी यंत्र द्वारा उन्हें अपने विषयों पर लगाता है; बस, त्यों ही तारागण और ग्रह समुदाय सामने चले जाते हैं और अपना रहस्य उसके पास खोलकर रख देते हैं। चाहे विद्वान् अध्यापक हो, चाहे मेधावी छात्र हो, चाहे अन्य कोई भी हो, यदि वह किसी विषय को जानने की चेष्टा कर रहा है तो उसे उपयुक्त प्रथा से ही काम लेना पड़ेगा।

एकाग्रता की शक्ति जितनी अधिक होगी, ज्ञान की प्राप्ति भी उतनी ही अधिक होगी। चर्मकार यदि अधिक एकाग्रचित्त होगा तो जूता अधिक अच्छा साफ करेगा। रसोइया एकाग्रचित्त होने से अधिक अच्छा भोजन पकाएगा। धन कमाने में अथवा ईश्वर की आराधना करने में या और भी कोई कार्य करने में जितनी अधिक एकाग्रता होगी, वह कार्य उतना ही अधिक अच्छा संपन्न होगा। यही एक खटखटाहट है, यही एक आघात है, जो प्रकृति के द्वारों को खुला कर देता है और ज्ञान रूपी प्रकाश को बाहर फैलाता है।

मात्रा का भेद

नब्बे प्रतिशत विचार-शक्ति को साधारण मनुष्य व्यर्थ खो देता है और इसी कारण वह सदा बड़ी-बड़ी भूलें किया करता है। अभ्यस्त मन कभी भूल नहीं करता। मनुष्यों और पशुओं में मुख्य भेद केवल चित्त की एकाग्रता शक्ति का तारतम्य ही है। पशु में एकाग्रता की शक्ति बहुत कम होती है। जिन्होंने पशुओं को सिखाने का काम लिया है, वे इस कठिनाई का अनुभव करते हैं कि पशु को जो कुछ सिखाया जाता है, उसे वह सदा भूल जाया करता है। पशु अपना मन अधिक समय तक किसी बात पर स्थिर नहीं रख सकता। बस, यहीं पर मनुष्यों और पशुओं में अंतर है। मनुष्य-मनुष्य का भेद भी उनकी एकाग्रता शक्ति के इस तारतम्य से होता है। सबसे निम्न मनुष्य की उच्चतम पुरुष के साथ तुलना करो। उन दोनों में भेद केवल एकाग्रता की मात्रा में है।

नब्बे प्रतिशत विचार-शक्ति को साधारण मनुष्य व्यर्थ खो देता है और इसी कारण वह सदा बड़ी-बड़ी भूलें किया करता है। अभ्यस्त मन कभी भूल नहीं करता। मनुष्यों और पशुओं में मुख्य भेद केवल चित्त की एकाग्रता शक्ति का तारतम्य ही है।

फल

किसी भी प्रकार के कार्य की सफलता इसी प्रकार निर्भर करती है। कला एवं संगीत आदि में अत्युच्च प्रवीणता इसी एकाग्रता का फल है। जब मन को एकाग्र करके उसे अपने ही ऊपर लगाया जाता है, तब हमारे भीतर के सभी हमारे नौकर बन जाते हैं, मालिक नहीं रह जाते। यूनानियों ने अपनी एकाग्रता का प्रयोग बाह्य संसार पर किया था और इसके फलस्वरूप उन्हें कला, साहित्य आदि में पूर्णता प्राप्त हुई। हिंदुओं ने अंतर्जगत् पर, आत्मा के अदृष्ट प्रदेश पर अपने चित्त को एकाग्र किया और इस तरह योगशास्त्र की उन्नति की! विश्व अपना रहस्य खोल देने को तैयार है। केवल हमें यही जानना है कि इसके लिए किस तरह दरवाजा खटखटाया जाए, आवश्यक

आघात कैसे किया जाए? खटखटाने या आघात करने की शक्ति और दृढ़ता एकाग्रता से प्राप्त होती है।

ज्ञान की एकमात्र कुंजी

एकाग्रता की शक्ति ही ज्ञान के खजाने की एकमात्र कुंजी है। अपनी वर्तमान शारीरिक अवस्था में हम बड़े ही विक्षिप्त-चित्त हो रहे हैं। हमारा मन इस समय सैकड़ों ओर दौड़-दौड़कर अपनी शक्ति नष्ट कर रहा है। जब कभी मैं व्यर्थ की सब चिंताओं को छोड़कर ज्ञान-लाभ के उद्देश्य से मन को किसी विषय पर स्थिर करने का प्रयत्न करता हूँ, त्यों ही मस्तिष्क में सहस्रों अवांछित भावनाएँ दौड़ आती हैं। हजारों चिंताएँ मन में एक साथ आकर उसको चंचल कर देती हैं। किस प्रकार से इन्हें रोककर मन को वश में लाया जाए, यही राजयोग का एकमात्र आलोच्य विषय है। ध्यान का अभ्यास करने से मानसिक एकाग्रता प्राप्त होती है।

मैं तो मन की एकाग्रता को ही शिक्षा का यथार्थ सार समझता हूँ, ज्ञातव्य विषयों के संग्रह को नहीं। यदि मुझे एक बार फिर से अपनी शिक्षा प्राप्त करने का अवसर मिले तो मैं विषयों का अध्ययन नहीं करूँगा।

मैं तो मन की एकाग्रता को ही शिक्षा का यथार्थ सार समझता हूँ, ज्ञातव्य विषयों के संग्रह को नहीं। यदि मुझे एक बार फिर से अपनी शिक्षा प्राप्त करने का अवसर मिले तो मैं विषयों का अध्ययन नहीं करूँगा। मैं तो एकाग्रता की तथा मन को विषय से अलग कर लेने की शक्ति को बढ़ाऊँगा और तब साधन या यंत्र की पूर्णता प्राप्त हो जाने पर इच्छानुसार विषयों का संग्रह करूँगा।

एकाग्रता के लिए ब्रह्मचर्य

बारह वर्ष तक अखंड ब्रह्मचर्य पालन करनेवाले को शक्ति प्राप्त होती है। पूर्ण ब्रह्मचर्य से प्रबल बौद्धिक और आध्यात्मिक शक्ति उत्पन्न होती है। वासनाओं को वश में कर लेने से उत्कृष्ट फल प्राप्त होते हैं। काम-शक्ति को आध्यात्मिक शक्ति में परिणत कर लो। यह शक्ति जितनी ही प्रबल

होगी, उससे उतना ही अधिक कार्य हो सकेगा। जल का शक्तिशाली प्रवाह ही द्रव-चालित खनन यंत्र को चला सकता है। इस ब्रह्मचर्य के अभाव के कारण हमारे देश में प्रत्येक वस्तु नष्टप्राय हो रही है। कड़े ब्रह्मचर्य के पालन से कोई भी विद्या अल्पकाल में ही सीखी जा सकती है, एक ही बार सुनी या जानी हुई बात को याद रखने की अचूक स्मृति-शक्ति आ जाती है। ब्रह्मचारी के मस्तिष्क में प्रबल कार्य-शक्ति और अमोघ इच्छा-शक्ति रहती है। पवित्रता के बिना आध्यात्मिक शक्ति नहीं आ सकती। ब्रह्मचर्य द्वारा मानव-जाति पर अद्‌भुत प्रभुता प्राप्त होती है। आध्यात्मिक नेतागण अखंड ब्रह्मचारी रहे हैं और इसी से उन्हें शक्ति प्राप्त हुई थी।

प्रत्येक बालक को पूर्ण ब्रह्मचर्य का अभ्यास करने की शिक्षा देनी चाहिए, तभी उसमें श्रद्धा और विश्वास की उत्पत्ति होगी। सदैव और सभी अवस्थाओं में मन, वचन एवं कर्म से पवित्र रहना ही ब्रह्मचर्य कहलाता है। अपवित्र कल्पना उतनी ही बुरी है, जितना अपवित्र कार्य। ब्रह्मचारी को मन, वाणी और कर्म से शुद्ध रहना चाहिए।

प्रत्येक बालक को पूर्ण ब्रह्मचर्य का अभ्यास करने की शिक्षा देनी चाहिए, तभी उसमें श्रद्धा और विश्वास की उत्पत्ति होगी। सदैव और सभी अवस्थाओं में मन, वचन एवं कर्म से पवित्र रहना ही ब्रह्मचर्य कहलाता है। अपवित्र कल्पना उतनी ही बुरी है, जितना अपवित्र कार्य। ब्रह्मचारी को मन, वाणी और कर्म से शुद्ध रहना चाहिए।

उन्नतिमूलक श्रद्धा

एक बार फिर से अपने में सच्ची श्रद्धा की भावना लानी होगी, आत्मविश्वास को पुनः जगाना होगा, तभी हम उन सारी समस्याओं को धीरे-धीरे सुलझा सकेंगे, जो आज हमारे सामने हैं। हमें आज इसी श्रद्धा की आवश्यकता है। मनुष्य-मनुष्य में इसी श्रद्धा का तो अंतर है, अन्य किसी

वस्तु का नहीं। वह श्रद्धा ही है, जो एक मनुष्य को बड़ा और दूसरे को छोटा बनाती है। मेरे गुरुदेव कहा करते थे, 'जो अपने को दुर्बल समझता है, वह दुर्बल ही हो जाता है।' और यह बिल्कुल सच है। तुममें यह श्रद्धा आनी ही चाहिए। पाश्चात्य जातियों में तुम जो कुछ भौतिक शक्ति का विकास देखते हो, वह इसी श्रद्धा का परिणाम है। कारण, उन्हें अपने बाहुबल पर विश्वास है। और यदि तुम आत्मबल पर विश्वास रखो तो परिणाम और भी अधिक अच्छा होगा!

जैसा सोच, वैसा निर्माण

यह बात अच्छी तरह समझ लो कि जो मनुष्य दिन-रात सोचता रहता है कि मैं कुछ भी नहीं हूँ, उससे हम कोई आशा नहीं रख सकते। यदि कोई दिन-रात यही सोचता रहे कि मैं दीन-हीन हूँ, नाचीज हूँ, तो वह सचमुच नाचीज बन जाएगा। अगर तुम सोचो कि मैं कुछ हूँ, मुझमें शक्ति है, तो सचमुच तुममें शक्ति आ जाएगी। यह एक महान् सत्य है, जिसका तुम्हें स्मरण रहना चाहिए। हम उस सर्वशक्तिमान प्रभु की संतान हैं, उस अनंत ब्रह्माग्नि की चिनगारियाँ हैं! हम नाचीज कैसे हो सकते हैं? हम सबकुछ हैं, सबकुछ करने को तैयार हैं और सबकुछ कर सकते हैं। हमारे पूर्वजों में ऐसा ही दृढ़ आत्मविश्वास था। इसी आत्मविश्वास रूपी प्रेरणा-शक्ति ने उन्हें सभ्यता की ऊँची-से-ऊँची सीढ़ी पर चढ़ाया था और अब यदि अवनति हुई है, यदि कोई दोष आ गया है तो तुम देखोगे कि इस अवनति का आरंभ उसी दिन से हो गया, जब हम अपने इस आत्मविश्वास को खो बैठे।

यह बात अच्छी तरह समझ लो कि जो मनुष्य दिन-रात सोचता रहता है कि मैं कुछ भी नहीं हूँ, उससे हम कोई आशा नहीं रख सकते। यदि कोई दिन-रात यही सोचता रहे कि मैं दीन-हीन हूँ, नाचीज हूँ, तो वह सचमुच नाचीज बन जाएगा। अगर तुम सोचो कि मैं कुछ हूँ, मुझमें शक्ति है, तो सचमुच तुममें शक्ति आ जाएगी। यह एक महान् सत्य है, जिसका तुम्हें स्मरण रहना चाहिए।

इस श्रद्धा या आत्मविश्वास के सिद्धांत का प्रचार करना ही मेरे जीवन का उद्‌देश्य है। मैं इस बात को दुबारा कहता हूँ कि यह आत्मविश्वास मानवता का एक सबसे शक्तिशाली अंग है। पहले अपने आप में विश्वास रखो। यह जान लो कि भले ही एक व्यक्ति छोटा सा बुलबुला हो और दूसरा पर्वत के समान ऊँची तरंग, पर बुलबुला और तरंग—दोनों के पीछे वही अनंत सागर है। वही अनंत सागर मेरा और तुम्हारा—दोनों का आधार है। जीवन, शक्ति और आध्यात्मिकता का वह अनंत महासागर जैसा मेरा है, वैसा ही तुम्हारा भी। अत: हे भाइयो! तुम अपनी संतानों को उनके जन्म-काल से ही इस महान्, जीवनप्रद, उच्च और उदात्त तत्त्व की शिक्षा देना शुरू कर दो।

□

विचार-शक्ति का महत्त्व

मनुष्य का चरित्र उसकी विभिन्न प्रवृत्तियों की समष्टि है, उसके मन के समस्त झुकावों का योग है। सुख और दुःख ज्यों-ज्यों उसकी आत्मा पर से होकर गुजरते हैं, वे उस पर अपनी-अपनी छाप या संस्कार छोड़ जाते हैं और इन सब विभिन्न छापों की समष्टि ही मनुष्य का चरित्र कहलाता है। हम वही हैं, जो हमारे विचारों ने हमें बनाया है। प्रत्येक विचार हमारे शरीर पर, लोहे के टुकड़े पर हथौड़े की हलकी चोट के समान है और उसके द्वारा हम जो बनना चाहते हैं, बनते जाते हैं। वाणी तो गौण है। विचार सजीव होते हैं; उनकी दौड़ बहुत दूर तक हुआ करती है। अतः तुम अपने विचारों के संबंध में सावधान रहो।

सुख-दुःख का स्थान

भलाई-बुराई दोनों का चरित्र-गठन में समान भाग रहता है और कभी-कभी तो सुख की अपेक्षा दुःख ही बड़ा शिक्षक होता है। यदि हम संसार के महापुरुषों के चरित्र का अध्ययन करें तो मैं कह सकता हूँ कि अधिकांश दशाओं में यही देखेंगे की सुख की अपेक्षा दुःख ने तथा संपत्ति की अपेक्षा दरिद्रता ने ही उन्हें अधिक शिक्षा दी है और स्तुति की अपेक्षा आघातों ने ही उनकी अंतःस्थ ज्ञानाग्नि को अधिक प्रस्फुरित किया। विलास और ऐश्वर्य की गोद में पलते, गुलाबों की शय्या पर सोते और कभी भी आँसू बहाए बिना कौन महान् हुआ है! जब हृदय में वेदना की टीस होती है, जब दुःख का तूफान चारों दिशाओं में घहराता है, जब मालूम होता है कि प्रकाश अब

और न दिखेगा, जब आशा और साहस नष्टप्राय हो जाते हैं, तभी इस भयंकर आध्यात्मिक झंझावात के बीच अंतर्निहित ब्रह्म-ज्योति प्रकाशित होती है।

कर्म का परिणाम

मन को यदि झील की उपमा दी जाए तो उसमें उठनेवाली प्रत्येक लहर, प्रत्येक तरंग जब दब जाती है तो वास्तव में वह बिल्कुल नष्ट नहीं हो जाती है, वरन् चित्त में एक प्रकार का चिह्न छोड़ जाती है तथा ऐसी संभावना का निर्माण कर जाती है, जिससे वह लहर दोबारा फिर से उठ सके। हमारा प्रत्येक कार्य, प्रत्येक अंग-संचालन, प्रत्येक विचार हमारे चित्त पर इसी प्रकार का एक संस्कार छोड़ जाता है। यद्यपि ये संस्कार ऊपरी दृष्टि से स्पष्ट न हों, तथापि ये अज्ञात रूप से अंदर-ही-अंदर कार्य करने में विशेष प्रबल होते हैं। हम प्रति मुहूर्त जो कुछ हैं, वह इन संस्कारों के समुदाय द्वारा ही नियमित होता है। प्रत्येक मनुष्य का चरित्र इन संस्कारों की समष्टि द्वारा ही नियमित होता है। यदि शुभ संस्कारों की प्रबलता रहे तो मनुष्य का चरित्र अच्छा होता है और यदि अशुभ संस्कारों की तो बुरा। यदि कोई मनुष्य निरंतर बुरे शब्द सुनता रहे, बुरे विचार सोचता रहे, बुरे कर्म करता रहे तो उसके मन पर बुरे संस्कार तथा कार्य अपना प्रभाव डाल देंगे। असल में, ये बुरे संस्कार निरंतर अपना कार्य करते रहते हैं। ये संस्कार उसमें दुष्कर्म करने की प्रबल प्रवृत्ति उत्पन्न कर देंगे। वह तो इन संस्कारों के हाथ एक यंत्र-सा हो जाएगा।

मन को यदि झील की उपमा दी जाए तो उसमें उठनेवाली प्रत्येक लहर, प्रत्येक तरंग जब दब जाती है तो वास्तव में वह बिल्कुल नष्ट नहीं हो जाती है, वरन् चित्त में एक प्रकार का चिह्न छोड़ जाती है तथा ऐसी संभावना का निर्माण कर जाती है, जिससे वह लहर दोबारा फिर से उठ सके। हमारा प्रत्येक कार्य, प्रत्येक अंग-संचालन, प्रत्येक विचार हमारे चित्त पर इसी प्रकार का एक संस्कार छोड़ जाता है।

चरित्र गठन

इसी प्रकार, यदि कोई मनुष्य अच्छे विचार सोचे और अच्छे कार्य करे तो उसके इन संस्कारों का प्रभाव भी अच्छा ही होगा तथा उसकी इच्छा न होते हुए भी वे उसे सत्कार्य करने के लिए विवश करेंगे। जब मनुष्य इतने सत्कार्य एवं सत्-चिंतन कर चुकता है कि उसकी इच्छा न होते हुए भी उसमें सत्कार्य करने की एक अनिवार्य प्रवृत्ति उत्पन्न हो जाती है, तब फिर यदि वह दुष्कर्म करना भी चाहे तो इन सब संस्कारों का समष्टि रूप उसका मन उसे वैसा करने से तुरंत रोक देगा। तब वह अपने सत्संस्कारों के हाथ एक कठपुतली जैसा हो जाएगा। जब ऐसी स्थिति हो जाती है, तभी उस मनुष्य का चरित्र गठित या प्रतिष्ठित कहलाता है। यदि तुम सचमुच किसी मनुष्य के चरित्र को जाँचना चाहते हो तो उसके बड़े कार्यों पर से उसकी जाँच मत करो। मनुष्य के अत्यंत साधारण कार्य की जाँच करो और असल में वे ही ऐसी बातें हैं, जिनसे तुम्हें एक महान् पुरुष के वास्तविक चरित्र का पता लग सकता है। कुछ विशेष बड़े अवसर तो छोटे-से-छोटे मनुष्य को भी किसी-न-किसी प्रकार का बड़प्पन दे देते हैं, परंतु वास्तव में बड़ा तो वही है, जिसका चरित्र सदैव और सब अवस्थाओं में महान् रहता है।

यदि कोई मनुष्य अच्छे विचार सोचे और अच्छे कार्य करे तो उसके इन संस्कारों का प्रभाव भी अच्छा ही होगा तथा उसकी इच्छा न होते हुए भी वे उसे सत्कार्य करने के लिए विवश करेंगे। जब मनुष्य इतने सत्कार्य एवं सत्-चिंतन कर चुकता है कि उसकी इच्छा न होते हुए भी उसमें सत्कार्य करने की एक अनिवार्य प्रवृत्ति उत्पन्न हो जाती है"

अच्छी और बुरी आदतें

मन में इस प्रकार के बहुत से संस्कार पड़ने पर वे इकट्ठे होकर आदत या अभ्यास के रूप में परिणत हो जाते हैं। कहा जाता है, 'आदत द्वितीय स्वभाव

है।' पर यही नहीं, वह 'प्रथम' स्वभाव भी है और मनुष्य का सारा स्वभाव है। हमारा अभी जो स्वभाव है, वह पूर्ण अभ्यास का फल है। यह जान सकने से कि सबकुछ आदत का ही फल है, मन को सांत्वना मिलती है; क्योंकि यदि हमारा वर्तमान स्वभाव केवल अभ्यासवश हुआ हो तो हम चाहें तो किसी भी समय उस अभ्यास को नष्ट भी कर सकते हैं। बुरी आदत का एकमात्र प्रतिकार है, उसकी विपरीत आदत। सभी खराब आदतें अच्छी आदतों द्वारा वशीभूत की जा सकती हैं। सतत अच्छे कार्य करते रहो और सदा पवित्र विचार मन में सोचा करो। निम्न संस्कारों को दबाने का यही एकमात्र उपाय है। ऐसा कभी न कहो कि अमुक व्यक्ति गया-बीता है। उसके सुधरने की आशा नहीं की जा सकती। क्यों? इसलिए कि वह व्यक्ति केवल एक विशिष्ट प्रकार के चरित्र का, कुछ अभ्यासों की समष्टि का द्योतक मात्र है और वे अभ्यास नए एवं अच्छे अभ्यास से दूर किए जा सकते हैं। चरित्र बस, पुनः-पुनः अभ्यास की समष्टि मात्र है और इस प्रकार का पुनः-पुनः अभ्यास ही चरित्र का पुनर्गठन कर सकता है।

सभी बुराइयों का कारण हममें ही है। किसी व्यक्ति को दोष मत दो। न तो निराश या दुःखी होओ और न यही सोचो कि हम ऐसी अवस्था में पड़े हैं, जहाँ से हम कभी छुटकारा नहीं पा सकते, जब तक कि कोई आकर हमें अपने हाथ का सहारा नहीं देता। हम रेशम के कीड़े के समान हैं।

हम स्वयं भाग्य-निर्माता

सभी बुराइयों का कारण हममें ही है। किसी व्यक्ति को दोष मत दो। न तो निराश या दुःखी होओ और न यही सोचो कि हम ऐसी अवस्था में पड़े हैं, जहाँ से हम कभी छुटकारा नहीं पा सकते, जब तक कि कोई आकर हमें अपने हाथ का सहारा नहीं देता। हम रेशम के कीड़े के समान हैं। हम अपने आप में से ही सूत निकालकर कोष का निर्माण करते हैं और कुछ समय के बाद उसी के भीतर कैद हो जाते हैं। कर्म का यह जाल हमने ही अपने चारों

ओर बुन रखा है। अपने अज्ञान के कारण हमें यह प्रतीत होता है कि हम बद्ध हैं और इसलिए सहायता के लिए रोते-चिल्लाते हैं; पर सहायता कहीं बाहर से तो नहीं आती, वह तो हमारे भीतर से ही आती है। चाहो तो विश्व के समस्त देवताओं को पुकारते रहो। मैं भी बरसों पुकारता रहा और अंत में देखा कि मुझे सहायता मिल रही है, पर वह सहायता मिली भीतर से। भ्रांतिवश इतने दिन तक जो अनेक प्रकार के काम करता रहा, उस भ्रांति को मुझे दूर करना पड़ा। अपने चारों ओर मैंने जो जाल फेंक रखा था, उसे मुझे काट डालना पड़ा। मैंने अपने जीवन में अनेक गलतियाँ की हैं; पर यह स्मरण रहे कि उन गलतियों के बिना मैं आज जो हूँ, वह नहीं रहता। मेरा तात्पर्य यह नहीं कि तुम घर जाओ और जान-बूझकर गलतियाँ करो। मेरे कहने का उस प्रकार उलटा अर्थ मत लगाओ; पर जो गलतियाँ तुम कर चुके हो, उनके कारण हताश मत होओ।

हम क्यों गलतियाँ करते हैं, इसलिए कि हम दुर्बल हैं। हम दुर्बल क्यों हैं, इसलिए कि हम अज्ञानी हैं। हमें अज्ञानी कौन बनाता है? हम स्वयं ही। हम अपनी आँखों को अपने हाथों से ढक लेते हैं और 'अँधेरा है', 'अँधेरा है' कहकर रोते हैं। हाथ हटा लो तो प्रकाश-ही-प्रकाश है।

अज्ञान गलत कराता है

हम क्यों गलतियाँ करते हैं, इसलिए कि हम दुर्बल हैं। हम दुर्बल क्यों हैं, इसलिए कि हम अज्ञानी हैं। हमें अज्ञानी कौन बनाता है? हम स्वयं ही। हम अपनी आँखों को अपने हाथों से ढक लेते हैं और 'अँधेरा है', 'अँधेरा है' कहकर रोते हैं। हाथ हटा लो तो प्रकाश-ही-प्रकाश है। मनुष्य की आत्मा स्वभाव से ही स्वयंप्रकाश है। अत: हमारे लिए प्रकाश का अस्तित्व सदा ही है। आधुनिक वैज्ञानिक लोग क्या कहते हैं, क्या तुम नहीं सुनते? क्रम-विकास का कारण क्या है—इच्छा। जीवधारी कुछ करना चाहता है, परंतु परिस्थिति को अनुकूल नहीं पाता, इसलिए नए शरीर का निर्माण कर लेता है। यह कौन निर्माण करता है? स्वयं वही जीवधारी, उसकी इच्छा-शक्ति। अपनी इच्छा-

शक्ति का प्रयोग करते रहो और वही तुम्हें ऊपर उठाती जाएगी। इच्छा-शक्ति सर्वशक्तिमान है। तुम पूछ सकते हो, यदि वह सचमुच सर्वशक्तिमान है तो फिर मैं सबकुछ क्यों नहीं कर सकता? पर तुम तो केवल अपनी क्षुद्र आत्मा के संबंध में सोच रहे हो। अपनी निम्नतम जीवाणु की अवस्था से लेकर मनुष्य शरीर तक इस सारी जीवन-शृंखला पर नजर डालो। यह सब किसने बताया? स्वयं तुम्हारी इच्छा-शक्ति ने। क्या तुम उसकी सर्वशक्तिमत्ता को अस्वीकार कर सकते हो? जिसने तुम्हें इतने ऊँचे तक उठाया, वह तुम्हें और भी ऊँचा ले जा सकती है। आवश्यकता है चारित्र्य की, इच्छा-शक्ति को सबल बनाने की।

अपने चरित्र का निर्माण करो

यदि तुम अपनी गलतियों के नाम पर घर जाकर सिर पर हाथ रख जन्म भर रोते रहे तो उससे तुम्हारा उद्धार नहीं होने का, बल्कि उससे तुम और भी दुर्बल हो जाओगे। यदि कोई कमरा हजारों वर्षों से अंधकारपूर्ण हो और तुम उसमें जाकर रोने-धोने लगो, 'हाय, बड़ा अँधेरा है! हाय, बड़ा अँधेरा है।' तो क्या उससे अँधेरा चला जाएगा? दियासलाई जलाओ और क्षण भर में ही अंधकार दूर हो जाएगा। सारा जीवन यदि तुम अफसोस करते रहो, 'अरे, मैंने अनेक दुष्कर्म किए, बहुत सी गलतियाँ कीं!' तो उससे क्या लाभ? हममें बहुत से दोष हैं, यह किसी को बतलाना नहीं पड़ता। ज्ञानाग्नि प्रज्वलित करो, एक क्षण में सब अशुभ चला जाएगा। अपने चरित्र का निर्माण करो और अपने प्रकृत स्वरूप को, उसी ज्योतिर्मय, उज्ज्वल, नित्य शुद्ध स्वरूप को प्रकाशित करो तथा प्रत्येक व्यक्ति में उसी आत्मा को जगाओ।

□

जन-समुदाय का शिक्षितीकरण

देश उसी अनुपात में उन्नत हुआ करता है, जिस अनुपात में वहाँ के जन-समुदाय में शिक्षा और बुद्धि का प्रसार होता है। भारतवर्ष की पतनावस्था का मुख्य कारण यह रहा कि मुट्ठी भर लोगों ने देश की संपूर्ण शिक्षा और बुद्धि पर एकाधिपत्य कर लिया। यदि हम पुनः उन्नत होना चाहते हैं तो हम जन-समूह में शिक्षा का प्रचार करके ही वैसे हो सकते हैं। निम्न वर्ग के लोगों को अपने खोए हुए व्यक्तित्व का विकास करने के लिए शिक्षा देना ही उनकी एकमात्र सेवा करना है। उनके सामने विचारों को रखो। संसार में उनके चारों ओर क्या चल रहा है, उसकी ओर उनकी आँखें खोल दो और तब वे अपनी मुक्ति का कार्य स्वयं कर लेंगे। प्रत्येक स्त्री और पुरुष को अपनी मुक्ति का कार्य स्वयं करना होगा। उनके सामने विचारों को रख दो, बस, उन्हें इतनी ही सहायता चाहिए और शेष सब उसके परिणामस्वरूप आ ही जाएगा। हमारा काम है भिन्न-भिन्न रासायनिक द्रव्यों को एक साथ रख देना और रवे बनाने का कार्य (क्रिस्टलीकरण) प्रकृति के नियम द्वारा ही संपन्न हो जाएगा।

मातृभाषा में शिक्षा

मेरा विचार है, हमारे शास्त्रों व ग्रंथों में आध्यात्मिकता के जो रत्न विद्यमान हैं और जो कुछ ही मनुष्यों के अधिकार में मठों व अरण्यों में छिपे हुए हैं, सबसे पहले उन्हें निकालना होगा। जिन लोगों के अधिकार में ये छिपे हुए हैं, केवल वहीं से इस ज्ञान का उद्धार करने से काम न होगा, बल्कि उससे भी दुर्भेद्य पेटिका अर्थात् जिस भाषा में ये सुरक्षित हैं, उस शताब्दियों के संस्कृत

शब्दों के जाल से उन्हें निकालना होगा। तात्पर्य यह है कि मैं उन्हें सबके लिए सुलभ कर देना चाहता हूँ। मैं इन तत्त्वों को निकालकर सबकी, भारत के प्रत्येक मनुष्य की सार्वजनिक संपत्ति बना देना चाहता हूँ, चाहे वह संस्कृत जानता हो या नहीं। इस मार्ग की बहुत बड़ी कठिनाई हमारी यह गौरवमयी संस्कृत भाषा है और वह तब तक दूर नहीं हो सकती, जब तक हमारे देश के सभी मनुष्य, यदि संभव हो, तो संस्कृत के अच्छे विद्वान् नहीं हो जाते। यह कठिनाई तुम्हारी समझ में तब आ पाएगी, जब मैं कहूँगा कि आजीवन इस संस्कृत भाषा का अध्ययन करने पर भी जब मैं इसकी कोई नई पुस्तक उठाता हूँ, तो वह मुझे बिल्कुल नई जान पड़ती है।

अब सोचो कि जिन लोगों ने कभी विशेष रूप से इस भाषा का अध्ययन करने का समय नहीं पाया, उनके लिए यह कितनी अधिक क्लिष्ट होगी! अतएव लोगों की बोलचाल की भाषा में उन विचारों की शिक्षा देनी होगी। जन-साधारण को उनकी निजी भाषा में शिक्षा दो।

अब सोचो कि जिन लोगों ने कभी विशेष रूप से इस भाषा का अध्ययन करने का समय नहीं पाया, उनके लिए यह कितनी अधिक क्लिष्ट होगी! अतएव लोगों की बोलचाल की भाषा में उन विचारों की शिक्षा देनी होगी। जन-साधारण को उनकी निजी भाषा में शिक्षा दो। उनके सामने विचारों को रखो। वे जानकारी प्राप्त कर लेंगे, पर और कुछ आवश्यक होगा। उन्हें संस्कृति दो। जब तक तुम उन्हें संस्कृति न दोगे, तब तक उनकी उन्नत दशा कोई स्थायी रूप प्राप्त नहीं कर सकती।

संस्कृत शिक्षा

इसके साथ-ही-साथ संस्कृत शिक्षा भी चलनी चाहिए, क्योंकि संस्कृत शब्दों की ध्वनि मात्र से हमारी जाति को प्रतिष्ठा, बल और शक्ति प्राप्त होती है। भगवान् बुद्ध ने भी यह भूल की कि उन्होंने जनता में संस्कृत शिक्षा का विस्तार बंद कर दिया। वे शीघ्र और तात्कालिक परिणाम चाहते थे। इसलिए

उन दिनों की 'पालि' भाषा में उन्होंने संस्कृत भाषा में निबद्ध भावों का भाषांतर करके उनका प्रचार किया। यह बहुत ही सुंदर हुआ था। वे जनता की भाषा में बोले और जनता ने उनकी बात को समझ लिया। इससे उनके भाव बहुत शीघ्र फैले और बहुत दूर-दूर तक पहुँचे; पर इसके साथ ही संस्कृत का भी प्रचार होना चाहिए था। ज्ञान तो प्राप्त हुआ, पर उसमें प्रतिष्ठा नहीं थी और जब तक तुम उसे प्रतिष्ठा नहीं देते, एक और जाति पैदा हो जाएगी, जो संस्कृत भाषा जानने के कारण शीघ्र ही औरों की अपेक्षा ऊँची उठ जाएगी।

स्मरण रहे, हमारा राष्ट्र झोंपड़ियों में बसता है। वर्तमान समय में तुम्हारा कर्तव्य है कि तुम देश के एक भाग से दूसरे में जाओ और गाँव-गाँव जाकर लोगों को समझाओ कि अब आलस्य के साथ केवल बैठे रहने से काम नहीं चलेगा। उन्हें उनकी यथार्थ अवस्था का परिचय कराओ और कहो, ''भाइयो, सब कोई उठो! अब और कितना सोओगे?''

उठो! कितना सोओगे?

स्मरण रहे, हमारा राष्ट्र झोंपड़ियों में बसता है। वर्तमान समय में तुम्हारा कर्तव्य है कि तुम देश के एक भाग से दूसरे में जाओ और गाँव-गाँव जाकर लोगों को समझाओ कि अब आलस्य के साथ केवल बैठे रहने से काम नहीं चलेगा। उन्हें उनकी यथार्थ अवस्था का परिचय कराओ और कहो, ''भाइयो, सब कोई उठो! अब और कितना सोओगे?'' जाओ और उन्हें अपनी अवस्था सुधारने की सलाह दो और शास्त्रों की बातों को विशद रूप से सरलतापूर्वक समझाते हुए उदात्त सत्यों का ज्ञान कराओ। उनके मन में यह बात जमा दो कि ब्राह्मणों के समान उनका भी धर्म पर वही अधिकार है। सभी को, अछूत तक को भी, इन्हीं जाज्वल्यमान मंत्रों का उपदेश दो। उन्हें सरल शब्दों में जीवन के लिए आवश्यक विषयों का उपदेश दो। उन्हें सरल शब्दों में जीवन के लिए आवश्यक विषयों तथा वाणिज्य-व्यापार और कृषि आदि की भी शिक्षा दो।

सर्वत्र आध्यात्मिकता

सदियों से ऊँची जातिवालों, राजाओं और विदेशियों के असह्य अत्याचारों ने उनकी सारी शक्तियों को नष्ट कर दिया है और अब शक्ति प्राप्त करने का पहला उपाय है—उपनिषदों का आश्रय लेना और यह विश्वास करना कि 'मैं आत्मा हूँ। मुझे तलवार काट नहीं सकती, शस्त्र छेद नहीं सकता, अग्नि जला नहीं सकती, वायु सुखा नहीं सकती; मैं सर्वशक्तिमान हूँ, मैं सर्वदर्शी हूँ।' वेदांत के इन सब महान् तत्त्वों को अब जंगलों और गुफाओं से बाहर आना होगा और न्यायालयों, प्रार्थना-मंदिरों एवं गरीबों के झोंपड़ों में प्रवेश कर अपना कार्य करना होगा। अब तो मछली पकड़ते हुए मछुआरों और विद्याभ्यास करते हुए विद्यार्थियों के साथ इन तत्त्वों को कार्य करना होगा। यह संदेश प्रत्येक स्त्री, पुरुष और बालक के लिए है, वह चाहे जो पेशा करता हो, चाहे जहाँ रहता हो। अच्छा, ये सब मछुआरे आदि उपनिषदों के सिद्धांतों के अनुसार कार्य कैसे कर सकते हैं? मार्ग भी बता दिया गया है। यदि मछुआरा सोचे कि मैं आत्मा हूँ, तो वह एक उत्तम मछुआरा होगा। यदि विद्यार्थी यह चिंतन करने लगे कि मैं आत्मा हूँ, तो वह एक श्रेष्ठ विद्यार्थी होगा।

सदियों से ऊँची जातिवालों, राजाओं और विदेशियों के असह्य अत्याचारों ने उनकी सारी शक्तियों को नष्ट कर दिया है और अब शक्ति प्राप्त करने का पहला उपाय है—उपनिषदों का आश्रय लेना और यह विश्वास करना कि 'मैं आत्मा हूँ। मुझे तलवार काट नहीं सकती, शस्त्र छेद नहीं सकता, अग्नि जला नहीं सकती, वायु सुखा नहीं सकती; मैं सर्वशक्तिमान हूँ, मैं सर्वदर्शी हूँ।'

शिक्षा का घर-घर प्रचार

एक बात, जो भारतवर्ष में सभी बुराइयों की जड़ में है, वह है गरीबों की अवस्था। मान लो, तुमने प्रत्येक गाँव में एक नि:शुल्क पाठशाला खोल

दी; पर तो भी उससे कोई लाभ न होगा, क्योंकि गरीब लड़के पाठशाला में आने की अपेक्षा अपने पिता की सहायता करने खेतों में जाना या जीविका के लिए और कोई धंधा करना अधिक पसंद करेंगे। अच्छा, यदि पहाड़ मुहम्मद के पास नहीं आता तो मुहम्मद पहाड़ के पास क्यों न जाएँ? यदि गरीब बालक शिक्षा लेने नहीं आ सकता तो शिक्षा को ही उसके पास पहुँचना चाहिए। हमारे देश में सहस्रों निष्ठावान्, स्वार्थ-त्यागी संन्यासी हैं, जो एक ग्राम से दूसरे ग्राम में धर्मोपदेश करते फिरते हैं। यदि उनमें से कुछ को भौतिक विषयों के भी शिक्षक के रूप में संगठित किया जा सके तो वे एक स्थान से दूसरे स्थान को, एक दरवाजे से दूसरे दरवाजे को न केवल धर्मोपदेश करते हुए, वरन् शिक्षा-कार्य भी करते हुए जाएँगे। मान लो, उनमें से दो मनुष्य संध्या समय किसी गाँव में अपने साथ मैजिक लैंटर्न, पृथ्वी का गोला और कुछ नक्शे आदि लेकर गए तो वे अनजान मनुष्यों को बहुत सा ज्योतिष और भूगोल सिखा सकते हैं। भिन्न-भिन्न देशों की कहानियाँ बताकर वे गरीबों को जन्म भर में पुस्तकों द्वारा जो जानकारी प्राप्त होती, उससे कई सौ गुना अधिक कानों द्वारा सिखा सकते हैं। आधुनिक विज्ञान की सहायता से उनके ज्ञान को प्रज्वलित कर दो। उन्हें इतिहास, भूगोल, विज्ञान एवं साहित्य पढ़ाओ तथा इन्हीं के साथ-साथ एवं इन्हीं के द्वारा धर्म के गंभीर सत्यों की भी शिक्षा दो।

हमारे देश में सहस्रों निष्ठावान्, स्वार्थ-त्यागी संन्यासी हैं, जो एक ग्राम से दूसरे ग्राम में धर्मोपदेश करते फिरते हैं। यदि उनमें से कुछ को भौतिक विषयों के भी शिक्षक के रूप में संगठित किया जा सके तो वे एक स्थान से दूसरे स्थान को, एक दरवाजे से दूसरे दरवाजे को न केवल धर्मोपदेश करते हुए, वरन् शिक्षा-कार्य भी करते हुए जाएँगे।

जीवन-संग्राम में बुरी तरह जूझते रहने के कारण उन्हें ज्ञान की जागृति का अवसर नहीं मिला है। वे अब तक यंत्रवत् काम करते रहे हैं और चतुर

व शिक्षित लोग उनके परिश्रम के फल के उत्तमांश का उपभोग स्वयं करते रहे हैं। पर अब समय बदल गया है। निम्न वर्गवाले इन विषयों में जाग्रत् हो रहे हैं और इसका एक साथ मिलकर विरोध कर रहे हैं। उच्च वर्गवाले अब उन्हें दबाकर नहीं रख सकते, चाहे वे जितना प्रयत्न करें। उच्च वर्गवालों की भलाई अब इसी में है कि वे निम्न वर्गवालों को उनके समुचित अधिकार प्राप्ति में सहायता दें। इसीलिए मैं कहता हूँ कि जन-समूह में शिक्षा का प्रसार करने के कार्य में लग जाओ। उन्हें बता दो और समझा दो, 'तुम हमारे भाई हो, हमारे ही शरीर के अंग हो।' यदि वे तुमसे इतनी सहानुभूति पा जाएँ तो उनका कार्य करने का उत्साह सौ गुना बढ़ जाएगा।

बड़े काम करने के लिए तीन बातों की आवश्यकता होती है। पहला है हृदय—अनुभव की शक्ति। बुद्धि या विचार-शक्ति में क्या धरा है, वह तो कुछ दूर जाती है और बस, वहीं रुक जाती है, पर हृदय? हृदय तो महाशक्ति का द्वार है। अंतःस्फूर्ति वहीं से आती है। प्रेम असंभव को भी संभव कर देता है। यह प्रेम ही जगत् के सब रहस्यों का द्वार है।

अनुभव आवश्यक

बड़े काम करने के लिए तीन बातों की आवश्यकता होती है। पहला है हृदय—अनुभव की शक्ति। बुद्धि या विचार-शक्ति में क्या धरा है, वह तो कुछ दूर जाती है और बस, वहीं रुक जाती है, पर हृदय? हृदय तो महाशक्ति का द्वार है। अंतःस्फूर्ति वहीं से आती है। प्रेम असंभव को भी संभव कर देता है। यह प्रेम ही जगत् के सब रहस्यों का द्वार है। अतएव हे मेरे भावी सुधारको! मेरे भावी देशभक्तो! तुम हृदयवान् बनो। क्या तुम हृदय से अनुभव करते हो कि देव और ऋषियों की करोड़ों संतानें आज पशु-तुल्य हो गई हैं? क्या तुम हृदय से अनुभव करते हो कि लाखों आदमी आज भूखों मर रहे हैं और लाखों लोग शताब्दियों से इसी भाँति भूखों मरते आए हैं? क्या तुम अनुभव करते हो कि अज्ञान के काले बादल ने सारे भारत को ढँक लिया है?

क्या तुम यह सब सोचकर द्रवित हो जाते हो? क्या इस भावना ने तुम्हारी नींद को गायब कर दिया है? क्या वह तुम्हारे हृदय के स्पंदन से मिल गई है, क्या उसने तुम्हें पागल-सा बना दिया है? क्या देश की दुर्दशा की चिंता ही तुम्हारे ध्यान का एकमात्र विषय बन बैठी है और क्या तुम इस चिंता में खोए हुए हो? क्या तुम अपने नाम-यश, स्त्री-पुत्र, धन-संपत्ति, यहाँ तक कि अपने शरीर की भी सुध बिसार गए हो? क्या सचमुच तुम ऐसे हो गए हो? बस, यही पहला कदम है।

उपाय

अच्छा, माना कि तुम अनुभव करते हो; पर पूछता हूँ, क्या केवल व्यर्थ की बातों में शक्ति-क्षय न करके इस दुर्दशा का निवारण करने के लिए तुमने कोई यथार्थ कर्तव्य-पथ निश्चित किया है? क्या स्वदेशवासियों को उनकी इन जीवनामृत अवस्था से बाहर निकालने के लिए कोई मार्ग ठीक किया है? किंतु इतने ही से पूरा न पड़ेगा। क्या तुम पर्वतकाय विघ्न-बाधाओं को लाँघकर कार्य करने के लिए तैयार हो? यदि सारी दुनिया हाथ में नंगी तलवार लेकर तुम्हारे विरोध में खड़ी हो जाए तो भी क्या तुम जिसे सत्य समझते हो, उसे पूरा करने का साहस करोगे?

अच्छा, माना कि तुम अनुभव करते हो; पर पूछता हूँ, क्या केवल व्यर्थ की बातों में शक्ति-क्षय न करके इस दुर्दशा का निवारण करने के लिए तुमने कोई यथार्थ कर्तव्य-पथ निश्चित किया है? क्या स्वदेशवासियों को उनकी इन जीवनामृत अवस्था से बाहर निकालने के लिए कोई मार्ग ठीक किया है? किंतु इतने ही से पूरा न पड़ेगा।

दृढ़ लगन

यदि तुम्हारे स्त्री-पुत्र तुम्हारे प्रतिकूल हो जाएँ, भाग्य-लक्ष्मी तुमसे रूठकर चली जाए, नाम-कीर्ति भी तुम्हारा साथ छोड़ दे, तो भी क्या तुम उस सत्य में लगे रहोग? फिर भी क्या तुम उसके पीछे लगे रहकर अपने लक्ष्य

की ओर सतत बढ़ते रहोगे ? जैसा कि राजा भर्तृहरि ने कहा है, "चाहे नीति-निपुण लोग निंदा करें या प्रशंसा, लक्ष्मी आए या जहाँ उसकी इच्छा हो, चली जाए, मृत्यु आज हो या सौ वर्ष बाद, धीर पुरुष तो वह है, जो न्याय के पथ से तनिक भी विचलित नहीं होता।" क्या तुममें ऐसी दृढ़ता है ? यदि तुममें ये तीन बातें हैं तो तुममें से प्रत्येक अद्भुत कार्य कर सकता है।

□

कर्म-कर्तव्य की अवधारणा

यह जान लेना आवश्यक है कि कर्तव्य क्या है? यदि मुझे कोई काम करना है तो पहले मुझे यह जान लेना चाहिए कि वह मेरा कर्तव्य है और तभी मैं उसे कर सकता हूँ। विभिन्न जातियों में, विभिन्न देशों में इस कर्तव्य के संबंध में भिन्न-भिन्न धारणाएँ हैं। एक मुसलमान कहता है कि जो कुछ कुरान-शरीफ में लिखा है, वही मेरा कर्तव्य है। इसी प्रकार एक हिंदू कहता है कि जो कुछ मेरे वेदों में लिखा है, वही मेरा कर्तव्य है। फिर एक ईसाई की दृष्टि में जो कुछ उसकी बाइबल में लिखा है, वही उसका कर्तव्य है। इससे हमें स्पष्ट दीख पड़ता है कि जीवन में अवस्था, काल एवं जाति के भेद से कर्तव्य के संबंध में धारणाएँ भी बहुविध होती हैं। अन्यान्य सार्वभौमिक भावसूचक शब्दों की तरह 'कर्तव्य' शब्द की भी ठीक-ठीक व्याख्या करना दुरूह है। व्यावहारिक जीवन में उसकी परिणति तथा उसके फलाफलों द्वारा ही हमें उसके संबंध में कुछ धारणा हो सकती है।

जब हमारे सामने कुछ बातें घटती हैं तो हम सब लोगों में उस संबंध में एक विशेष रूप से कार्य करने की स्वाभाविक या पूर्व-संस्कारानुयायी प्रवृत्ति उदित हो जाती है और प्रवृत्ति के उदय होने पर मन उस घटना के संबंध में सोचने लगता है। कभी तो वह सोचता है कि इस प्रकार की अवस्था में इसी तरह कार्य करना उचित है, फिर किसी दूसरे समय उसी प्रकार की अवस्था होने पर भी पूर्वोक्त रूप से कार्य करना अनुचित प्रतीत होता है। कर्तव्य के संबंध में सर्वत्र साधारण धारणा यही देखी जाती है कि सत्पुरुषगण अपने विवेक के आदेशानुसार कर्म किया करते हैं।

जीवन-स्तर के अनुसार कर्तव्य

परंतु वह क्या है, जिससे एक कर्म 'कर्तव्य' बन जाता है? जीने-मरने की समस्या के समय एक ईसाई के सामने गो-मांस का एक टुकड़ा रहने पर भी यदि वह अपनी प्राण-रक्षा के लिए उसे नहीं खाता अथवा किसी दूसरे मनुष्य के प्राण बचाने के लिए वह मांस नहीं दे देता तो उसे निश्चय ही ऐसा लगेगा कि उसने अपना कर्तव्य नहीं किया; परंतु इसी अवस्था में यदि एक हिंदू स्वयं वह गो-मांस का टुकड़ा खा ले अथवा किसी दूसरे हिंदू को दे दे तो अवश्य उसे भी ठीक उसी प्रकार लगेगा कि उसने अपना कर्तव्य नहीं किया। हिंदू जाति की शिक्षा तथा संस्कार ही ऐसे हैं, जिनके कारण उसके हृदय में ऐसे भाव जाग्रत् हो जाते हैं।

पिछली शताब्दी में भारतवर्ष में डाकुओं का एक मशहूर दल था, जिन्हें ठग कहते थे। वे किसी मनुष्य को मार डालना तथा उसका धन छीन लेना अपना कर्तव्य समझते थे। वे जितने अधिक मनुष्यों को मारने में समर्थ होते थे, उतना ही अपने को श्रेष्ठ समझते थे।

पिछली शताब्दी में भारतवर्ष में डाकुओं का एक मशहूर दल था, जिन्हें ठग कहते थे। वे किसी मनुष्य को मार डालना तथा उसका धन छीन लेना अपना कर्तव्य समझते थे। वे जितने अधिक मनुष्यों को मारने में समर्थ होते थे, उतना ही अपने को श्रेष्ठ समझते थे। साधारणतया यदि एक मनुष्य सड़क पर जाकर किसी दूसरे मनुष्य को बंदूक से मार डाले तो निश्चय ही उसे यह सोचकर दुःख होगा कि कर्तव्य-भ्रष्ट हो उसने अनुचित कार्य कर डाला है; परंतु यदि वही मनुष्य एक फौज में सिपाही की हैसियत से एक नहीं, बल्कि बीसों आदमियों को भी मार डाले तो उसे यह सोचकर अवश्य प्रसन्नता होगी कि उसने अपना कर्तव्य बहुत सुंदर ढंग से निभाया। इस प्रकार, यह स्पष्ट है कि केवल किसी कार्य विशेष का विचार करने से ही हमारा कर्तव्य निर्धारित नहीं होता।

अतएव केवल बाह्य कार्यों के आधार पर कर्तव्य की व्याख्या करना

नितांत असंभव है। अमुक कार्य कर्तव्य है तथा अमुक कर्तव्याकर्तव्य का इस प्रकार विभाग-निर्देश नहीं किया जा सकता; परंतु फिर भी, आंतरिक दृष्टिकोण से कर्तव्य की व्याख्या हो सकती है। यदि किसी कर्म द्वारा हम भगवान् की ओर बढ़ते हैं तो वह सत्कर्म है और वह हमारा कर्तव्य है; परंतु जिस कर्म द्वारा हम नीचे गिरते हैं, वह बुरा है; वह हमारा कर्तव्य नहीं। आंतरिक दृष्टिकोण से देखने पर हमें यह प्रतीत होता है कि कुछ कार्य ऐसे होते हैं, जो हमें उन्नत बनाते हैं और दूसरे ऐसे, जो हमें नीचे ले जाते हैं और पशुवत् बना देते हैं; किंतु विभिन्न व्यक्तियों में कौन सा कार्य किस तरह का भाव उत्पन्न करेगा, यह निश्चित रूप से बताना असंभव है। सभी युगों में समस्त संप्रदायों और देशों के मनुष्यों द्वारा मान्य यदि कर्तव्य का कोई एक सार्वभौमिक भाव रहा है तो वह है, 'परोपकारः पुण्याय पापाय परपीडनम्।' अर्थात् परोपकार ही पुण्य है और दूसरों को दुःख पहुँचाना ही पाप है।

बाद में हम देखेंगे कि कर्तव्य की यह धारणा भी परिवर्तित हो जाती है और यह भी देखेंगे कि सबसे श्रेष्ठ कार्य तो तभी होता है, जब उसके पीछे किसी प्रकार स्वार्थ की प्रेरणा न हो। फिर भी, यह स्मरण रखना चाहिए कि कर्तव्य-ज्ञान से किया हुआ कर्म ही हमें कर्तव्य-ज्ञान से अतीत कर्म की ओर ले जाता है और तब कर्म उपासना में परिणत हो जाता है।

कर्तव्य-पालन

बाद में हम देखेंगे कि कर्तव्य की यह धारणा भी परिवर्तित हो जाती है और यह भी देखेंगे कि सबसे श्रेष्ठ कार्य तो तभी होता है, जब उसके पीछे किसी प्रकार स्वार्थ की प्रेरणा न हो। फिर भी, यह स्मरण रखना चाहिए कि कर्तव्य-ज्ञान से किया हुआ कर्म ही हमें कर्तव्य-ज्ञान से अतीत कर्म की ओर ले जाता है और तब कर्म उपासना में परिणत हो जाता है। इतना ही नहीं, वरन् उस समय कर्म का अनुष्ठान केवल कर्म के लिए ही होता है। फिर हमें प्रतीत होगा कि कर्तव्य, चाहे वह नीति पर अधिष्ठित हो या प्रेम, पर उसका उद्देश्य वही है, जो अन्य किसी योग का,

अर्थात् 'कच्चे मैं' को क्रमशः घटाते-घटाते बिल्कुल नष्ट कर देना, जिससे अंत में 'पक्का मैं' अपनी असली महिमा में प्रकाशित हो जाए तथा निम्न स्तर में अपनी शक्तियों का क्षय होने से रोकना, जिससे आत्मा अधिकाधिक उच्च भूमि में प्रकाशमान हो सके। नीच वासनाओं के उदय होने पर भी यदि हम उन्हें वश में ले आएँ तो उससे हमारी आत्मा की महिमा का विकास होता रहता है। कर्तव्य-पालन में भी इस स्वार्थ-त्याग की आवश्यकता अनिवार्य है। इसी प्रकार ज्ञान या अज्ञानवश सारी समाज संस्थाएँ संगठित हुई हैं। वह मानो एक कार्यक्षेत्र है—सत्-असत् ही एक परीक्षा भूमि है। इस कार्यक्षेत्र में स्वार्थपूर्ण वासनाओं को धीरे-धीरे कम करते हुए हम मनुष्य के प्रकृत के अनंत विकास का पथ खोल देते हैं।

कर्तव्य-चक्र तभी हलका और आसानी से चलता है, जब उसके पहियों में प्रेम रूपी चिकनाई लगी होती है, नहीं तो यह निरंतर एक घर्षण-सा ही है। यदि ऐसा न हो तो माता-पिता अपने बच्चों के प्रति, बच्चे अपने माता-पिता के प्रति, पति अपनी स्त्री के प्रति तथा स्त्री अपने पति के प्रति अपना-अपना कर्तव्य कैसे निभा सकें!

वासना-त्याग

पर कर्तव्य का पालन शायद ही कभी मधुर होता हो। कर्तव्य-चक्र तभी हलका और आसानी से चलता है, जब उसके पहियों में प्रेम रूपी चिकनाई लगी होती है, नहीं तो यह निरंतर एक घर्षण-सा ही है। यदि ऐसा न हो तो माता-पिता अपने बच्चों के प्रति, बच्चे अपने माता-पिता के प्रति, पति अपनी स्त्री के प्रति तथा स्त्री अपने पति के प्रति अपना-अपना कर्तव्य कैसे निभा सकें! क्या इस घर्षण के उदाहरण हमें अपने दैनिक जीवन में सदैव दिखाई नहीं देते? कर्तव्य-पालन की मधुरता प्रेम में ही है और प्रेम का विकास केवल स्वतंत्रता में होता है। परंतु सोचो तो सही, इंद्रियों का, क्रोध का, ईर्ष्या का तथा मनुष्य के जीवन में प्रतिदिन होनेवाली अन्य सैकड़ों छोटी-छोटी

बातों का गुलाम होकर रहना क्या स्वतंत्रता है ? अपने जीवन के इन सब क्षुद्र संघर्षों में सहिष्णुता धारण करना ही स्वतंत्रता की सर्वोच्च अभिव्यक्ति है। स्त्रियाँ स्वयं अपने चिड़चिड़े एवं ईर्ष्यापूर्ण स्वभाव की गुलाम होकर अपने पतियों को दोष दिया करती हैं। वे दावा करती हैं कि हम स्वाधीन हैं; परंतु वे नहीं जानतीं कि ऐसा करने से वे स्वयं को निरा गुलाम सिद्ध कर रही हैं और यही हाल उन पतियों का भी है, जो सदैव स्त्रियों में दोष देखा करते हैं।

मत भुनभुनाओ

कर्म-फल से आसक्ति रखनेवाला व्यक्ति अपने भाग्य में आए हुए कर्तव्य पर भुनभुनाता है। अनासक्त पुरुष के लिए सब कर्तव्य एक समान हैं। उसके लिए तो वे कर्तव्य, स्वार्थपरता तथा इंद्रिय-परायणता को नष्ट करके आत्मा को मुक्त कर देने के लिए शक्तिशाली साधन हैं। हम अपने कर्तव्य पर जो भुनभुनाते हैं, उसका कारण यह है कि हम सब अपने को बहुत ज्ञानी समझते हैं। हम अपने को बहुत योग्य समझा करते हैं, यद्यपि हम वैसे हैं नहीं। प्रकृति भी सदैव कड़े नियम से हमारे कर्मों के अनुसार उचित कर्म-फल का विधान करती है; इसमें तनिक भी हेर-फेर नहीं हो सकता और इसलिए अपनी ओर से चाहे हम किसी कर्तव्य को स्वीकार करने के लिए भले ही अनिच्छुक हों, फिर भी वास्तव में हमारे कर्म-फल के अनुसार ही हमारे कर्तव्य निर्दिष्ट होंगे। स्पर्धा से ईर्ष्या उत्पन्न होती है और उससे हृदय की कोमलता नष्ट हो जाती है। असंतुष्ट तथा तकरारी पुरुष के लिए सभी कर्तव्य नीरस होते हैं। उसे तो कभी भी किसी चीज से संतोष नहीं होता और फलस्वरूप उसका जीवन दूभर हो उठना और असफल हो जाना स्वाभाविक है। हमें चाहिए कि हम काम

कर्म-फल से आसक्ति रखनेवाला व्यक्ति अपने भाग्य में आए हुए कर्तव्य पर भुनभुनाता है। अनासक्त पुरुष के लिए सब कर्तव्य एक समान हैं। उसके लिए तो वे कर्तव्य, स्वार्थपरता तथा इंद्रिय-परायणता को नष्ट करके आत्मा को मुक्त कर देने के लिए शक्तिशाली साधन हैं।

करते रहें; जो कुछ भी हमारा कर्तव्य हो, उसे करते रहें; अपना कंधा सदैव काम से भिड़ाए रखें और तभी हमारा पथ ज्ञानालोक से आलोकित हो जाएगा।

निरंतर कर्मशीलता

'भगवद्गीता' में हमें इस बात का बारंबार उपदेश मिलता है कि हमें निरंतर कर्म करते रहना चाहिए। कर्म स्वभावतः ही सत्-असत् से मिश्रित होता है। हम ऐसा कोई भी कर्म नहीं कर सकते, जिससे कहीं कुछ भला न हो और ऐसा भी कोई कर्म नहीं है, जिससे कहीं-न-कहीं कुछ हानि न हो। प्रत्येक कर्म अनिवार्य रूप से गुण-दोष से मिश्रित रहता है; परंतु फिर भी, शास्त्र हमें सतत कर्म करते रहने का ही आदेश देते हैं। सत् और असत् दोनों का अपना अलग-अलग फल होगा। सत् कर्मों का फल सत् होगा और असत् कर्मों का फल असत्। परंतु सत् और असत् दोनों ही आत्मा के लिए बंधन-स्वरूप हैं। इस संबंध में 'गीता' का कथन है कि यदि हम अपने कर्मों में आसक्त न हों तो हमारी आत्मा पर किसी प्रकार का बंधन नहीं पड़ सकता।

'भगवद्गीता' में हमें इस बात का बारंबार उपदेश मिलता है कि हमें निरंतर कर्म करते रहना चाहिए। कर्म स्वभावतः ही सत्-असत् से मिश्रित होता है। हम ऐसा कोई भी कर्म नहीं कर सकते, जिससे कहीं कुछ भला न हो और ऐसा भी कोई कर्म नहीं है, जिससे कहीं-न-कहीं कुछ हानि न हो।

अनासक्त कर्म

जिस प्रकार कछुआ अपने सब अंगों को खोपड़े के अंदर समेट लेता है और तब उसे चाहे हम मार ही क्यों न डालें, उसके टुकड़े-टुकड़े ही क्यों न कर डालें, पर वह बाहर नहीं निकलता। इसी प्रकार जिस मनुष्य ने अपने मन व इंद्रियों को वश में कर लिया है, उसका चरित्र भी सदैव स्थिर रहता है। वह अपनी आभ्यंतरिक शक्तियों को वश में रखता है और उसकी इच्छा के

विरुद्ध संसार की कोई भी वस्तु उसके मन के ऊपर कार्य नहीं कर सकती। मन के ऊपर इस प्रकार सद्विचारों एवं सुसंस्कारों का निरंतर प्रभाव पड़ते रहने से सत्कार्य करने की प्रवृत्ति प्रबल हो जाती है और इसके फलस्वरूप हम इंद्रियों (कर्मेंद्रिय एवं ज्ञानेंद्रिय दोनों) को वश में करने में समर्थ होते हैं। तभी हमारा चरित्र प्रतिष्ठित होता है, तभी हम सत्य-लाभ कर सकते हैं। ऐसा ही मनुष्य सदैव निरापद रहता है। उससे किसी भी प्रकार की बुराई नहीं हो सकती। वह फिर कहीं भी रहे, उसके लिए कोई धोखा नहीं है। इन शुभ संस्कारों से सुसंपन्न होने की अपेक्षा एक और भी अधिक उच्चतर अवस्था है और वह है—मुक्ति-लाभ की इच्छा। तुम्हें यह स्मरण रखना चाहिए कि सभी योगों का ध्येय आत्मा की मुक्ति है और प्रत्येक योग समान रूप से उसी ध्येय की ओर ले जाता है। भगवान् बुद्ध ने ध्यान से तथा ईसा मसीह ने प्रार्थना द्वारा जिस अवस्था की प्राप्ति की थी, मनुष्य केवल कर्म द्वारा भी उस अवस्था को प्राप्त कर सकता है। बुद्ध ज्ञानी थे और ईसा मसीह भक्त; पर वे दोनों एक ही ध्येय को पहुँचे थे। कुसंस्कारों का नाश शुभ संस्कारों द्वारा करना चाहिए और मन के खराब विचारों को अच्छे विचारों द्वारा दूर करते रहना चाहिए, जब तक कि समस्त कुविचार लगभग नष्ट न हो जाएँ अथवा पराजित न हो जाएँ या वशीभूत होकर मन के कोने में न पड़े रह जाएँ। परंतु उसके उपरांत शुभ संस्कारों पर भी विजय प्राप्त करना आवश्यक है। तभी जो 'आसक्त' था, वह 'अनासक्त' हो जाता है। कर्म करो, अवश्य करो; पर उस कर्म या विचार को अपने मन के ऊपर कोई गहरा प्रभाव न डालने दो। लहरें आएँ और जाएँ, मांसपेशियों और मस्तिष्क

तुम्हें यह स्मरण रखना चाहिए कि सभी योगों का ध्येय आत्मा की मुक्ति है और प्रत्येक योग समान रूप से उसी ध्येय की ओर ले जाता है। भगवान् बुद्ध ने ध्यान से तथा ईसा मसीह ने प्रार्थना द्वारा जिस अवस्था की प्राप्ति की थी, मनुष्य केवल कर्म द्वारा भी उस अवस्था को प्राप्त कर सकता है।

से बड़े-बड़े कार्य होते रहें; पर देखना, वे आत्मा पर किसी प्रकार का गहरा प्रभाव न डालने पाएँ।

यह कैसे किया जाए?

अब प्रश्न यह है कि यह हो कैसे सकता है? हम देखते हैं कि हम जिस किसी कर्म से लिप्त हो जाते हैं, उसका संस्कार हमारे मन में रह जाता है। मान लो, सारे दिन में मैं सैकड़ों आदमियों से मिला और उन्हीं में एक ऐसे व्यक्ति से भी मिला, जिससे मुझे प्रेम है, तब यदि रात को सोते समय मैं उन सब लोगों का स्मरण करने का प्रयत्न करूँ तो देखूँगा कि मेरे सम्मुख केवल उसी व्यक्ति का चेहरा आता है, जिसे मैं प्रेम करता हूँ, भले ही उसे मैंने केवल एक ही मिनट के लिए देखा हो। उसके अतिरिक्त अन्य सब व्यक्ति अंतर्हित हो जाएँगे। ऐसा क्यों? इसलिए कि इस व्यक्ति के प्रति मेरी विशेष आसक्ति ने मेरे मन पर अन्य सभी लोगों की अपेक्षा एक अधिक गहरा प्रभाव डाल दिया था। शरीर विज्ञान की दृष्टि से तो सभी व्यक्तियों का प्रभाव एक-सा ही हुआ था। प्रत्येक का चेहरा नेत्रपट पर उतर आया था और मस्तिष्क में उसके चित्र भी बन गए थे; परंतु फिर भी मन पर इन सब का प्रभाव एक समान न था। संभवतः अधिकतर व्यक्तियों के चेहरे एकदम नए थे, जिनके बारे में मैंने पहले कभी विचार भी न किया होगा; परंतु वह एक चेहरा, जिसकी मुझे केवल एक झलक ही मिली थी, भीतर तक समा गया! शायद उस चेहरे का चित्र मेरे मन में वर्षों से रहा हो और मैं उसके बारे में सैकड़ों बातें जानता होऊँ; अतः

मान लो, सारे दिन में मैं सैकड़ों आदमियों से मिला और उन्हीं में एक ऐसे व्यक्ति से भी मिला, जिससे मुझे प्रेम है, तब यदि रात को सोते समय मैं उन सब लोगों का स्मरण करने का प्रयत्न करूँ तो देखूँगा कि मेरे सम्मुख केवल उसी व्यक्ति का चेहरा आता है, जिसे मैं प्रेम करता हूँ, भले ही उसे मैंने केवल एक ही मिनट के लिए देखा हो।

उसकी इस झलक ने ही मेरे मन में उन सैकड़ों सोती हुई यादगारों को जगा दिया और इसलिए शेष अन्य सब चेहरों को देखने के समवेत फलस्वरूप मन में जितने सब संस्कार पड़े, इस एक चेहरे को देखने से मेरे मानस-पटल पर उन सब की अपेक्षा सौ गुना अधिक संस्कार पड़ गया। इसी कारण उसने मन के ऊपर सहज ही इतना प्रबल प्रभाव जमा दिया।

स्वामी की तरह कर्मरत रहें

इस सारी शिक्षा का सार यही है कि तुम्हें एक स्वामी के समान कार्य करना चाहिए, न कि एक दास की तरह। कर्म तो निरंतर करते रहो, परंतु एक दास के समान मत करो। सब लोग किस प्रकार कर्म कर रहे हैं, क्या यह तुम नहीं देखते? इच्छा होने पर भी कोई आराम नहीं ले सकता! 99 प्रतिशत लोग तो दासों की तरह कार्य करते रहते हैं और उसका फल होता है—दुःख। ये सब कार्य स्वार्थ पर होते हैं। मुक्तभाव से कर्म करो, प्रेम सहित कर्म करो। 'प्रेम' शब्द का यथार्थ अर्थ समझना बहुत कठिन है। बिना स्वाधीनता के प्रेम आ ही नहीं सकता। दास में सच्चा प्रेम होना संभव नहीं। यदि तुम एक गुलाम मोल ले लो और उसे जंजीरों से बाँधकर उससे अपने लिए कार्य कराओ तो वह कष्ट उठाकर किसी प्रकार कार्य करेगा अवश्य, पर उसमें किसी प्रकार का प्रेम नहीं रहेगा। इसी तरह, जब हम संसार के लिए दासवत् कर्म करते हैं तो उसके प्रति हमारा प्रेम नहीं रहता और इसलिए वह सच्चा कर्म नहीं हो सकता। हम अपने बंधु-बांधवों के लिए जो कर्म करते हैं, यहाँ तक कि हम अपने स्वयं के लिए भी जो कर्म

इस सारी शिक्षा का सार यही है कि तुम्हें एक स्वामी के समान कार्य करना चाहिए, न कि एक दास की तरह। कर्म तो निरंतर करते रहो, परंतु एक दास के समान मत करो। सब लोग किस प्रकार कर्म कर रहे हैं, क्या यह तुम नहीं देखते? इच्छा होने पर भी कोई आराम नहीं ले सकता! 99 प्रतिशत लोग तो दासों की तरह कार्य करते रहते हैं और उसका फल होता है—दुःख।

करते हैं, उसके बारे में भी ठीक यही बात है।

स्वार्थ के लिए किया गया कार्य दास का कार्य है। कोई कार्य स्वार्थ के लिए है अथवा नहीं, इसकी पहचान यह है कि प्रेम के साथ किया हुआ प्रत्येक कार्य आनंददायक होता है। सच्चे प्रेम के साथ किया हुआ कोई भी कार्य ऐसा नहीं है, जिसके फलस्वरूप शांति और आनंद न आए। प्रकृत सत्ता, प्रकृत ज्ञान तथा प्रकृत प्रेम—ये तीनों चिरकाल के लिए परस्पर संबद्ध हैं। असल में ये एक ही में तीन हैं। जहाँ एक रहता है, वहाँ शेष दो भी अवश्य रहते हैं। ये उस अद्वितीय सच्चिदानंद के ही त्रिविध रूप हैं। जब वह प्रकृत सत्ता सापेक्ष रूप में प्रतीत होती है तो हम उसे विश्व के रूप में देखते हैं। वह ज्ञान भी सांसारिक वस्तु विषयक ज्ञान के रूप में परिणत हो जाता है तथा वह आनंद मानव हृदय में विद्यमान समस्त प्रकृत प्रेम की नींव हो जाता है। अतएव सच्चे प्रेम से प्रेमी अथवा उसके प्रेम पात्र को भी कष्ट नहीं हो सकता। उदाहरणार्थ, मान लो, एक पुरुष एक स्त्री से प्रेम करता है। वह चाहता है कि वह स्त्री केवल उसी के पास रहे। अन्य पुरुषों के प्रति उस स्त्री के प्रत्येक व्यवहार से उसमें ईर्ष्या का उद्रेक होता है। वह चाहता है कि वह स्त्री उसी के पास बैठे, उसी के पास खड़ी रहे तथा उसी की इच्छानुसार खाए-पिए और चले-फिरे। वह स्वयं उस स्त्री का गुलाम हो गया है और चाहता है कि वह स्त्री भी उसकी गुलाम होकर रहे। यह तो प्रेम नहीं है। यह तो गुलामी का एक प्रकार का विकृत भाव है, जो ऊपर से प्रेम जैसा दिखाई देता है। यह प्रेम नहीं हो सकता, क्योंकि यह क्लेशदायक है। यदि वह उस पुरुष की इच्छानुसार न चले तो उससे उस मनुष्य को कष्ट होता है। वास्तव में, सच्चे प्रेम की प्रतिक्रिया दुःखप्रद तो

स्वार्थ के लिए किया गया कार्य दास का कार्य है। कोई कार्य स्वार्थ के लिए है अथवा नहीं, इसकी पहचान यह है कि प्रेम के साथ किया हुआ प्रत्येक कार्य आनंददायक होता है। सच्चे प्रेम के साथ किया हुआ कोई भी कार्य ऐसा नहीं है, जिसके फलस्वरूप शांति और आनंद न आए।

होती ही नहीं। उससे तो केवल आनंद ही होता है और यदि उससे ऐसा न होता हो तो समझ लेना चाहिए कि वह प्रेम नहीं है, बल्कि वह और ही कोई चीज है, जिसे हम भ्रमवश प्रेम कहते हैं। जब तुम अपने पति, अपनी स्त्री, अपने बच्चों, यहाँ तक कि समस्त विश्व को इस प्रकार प्रेम करने में सफल हो सकोगे कि उससे किसी भी प्रकार दुःख, ईर्ष्या अथवा स्वार्थपरता रूप में कोई प्रतिक्रिया नहीं होगी, केवल तभी तुम ठीक-ठीक अनासक्त हो सकोगे।

प्रत्युपकार से दूरी

जब तुम अपने बच्चों को कोई चीज देते हो तो क्या उसके बदले में उनसे कुछ माँगते हो? यह तो तुम्हारा कर्तव्य है कि तुम उनके लिए काम करो और बस, वहीं पर बात खत्म हो जाती है। इसी प्रकार, किसी दूसरे पुरुष, किसी नगर या देश के लिए तुम जो कुछ करो, उसके प्रति भी वैसा ही भाव रखो; उनसे किसी प्रकार के बदले की आशा न रखो। यदि तुम सदैव ऐसा ही भाव रख सको कि तुम केवल दाता ही हो, जो कुछ तुम देते हो, उससे तुम किसी प्रकार के प्रत्युपकार की आशा नहीं रखते तो उस कर्म से तुम्हें किसी प्रकार की आसक्ति नहीं होगी। आसक्ति तभी आती है, जब हम बदले की आशा रखते हैं।

जब तुम अपने बच्चों को कोई चीज देते हो तो क्या उसके बदले में उनसे कुछ माँगते हो? यह तो तुम्हारा कर्तव्य है कि तुम उनके लिए काम करो और बस, वहीं पर बात खत्म हो जाती है। इसी प्रकार, किसी दूसरे पुरुष, किसी नगर या देश के लिए तुम जो कुछ करो, उसके प्रति भी वैसा ही भाव रखो; उनसे किसी प्रकार के बदले की आशा न रखो।

आनंद-लाभ

यदि दासवत् कार्य करने से स्वार्थपरता और आसक्ति उत्पन्न होती है तो अपने मन का स्वामी बनकर कार्य करने से अनासक्ति द्वारा उत्पन्न आनंद का लाभ होता है। हम बहुधा अधिकार और न्याय की बातें किया करते हैं; परंतु

वे सब केवल एक बच्चे की बोली के समान हैं। मनुष्य के चरित्र का नियमन करनेवाली दो चीजें होती हैं—एक जोर-जुल्म और दूसरी दया। जोर-जुल्म का उपयोग करना सदैव स्वार्थपरतावश ही होता है। बहुधा सभी स्त्री-पुरुष अपनी शक्ति एवं सुविधा का यथासंभव उपयोग करने का प्रयत्न करते हैं। दया दैवी संपत्ति है। भले बनने के लिए हमें दया-युक्त होना चाहिए; यहाँ तक कि न्याय और अधिकार भी दया पर ही प्रतिष्ठित होने चाहिए। कर्म-फल की लालसा तो हमारी आध्यात्मिक उन्नति के मार्ग में बाधक है। इतना ही नहीं, अंत में उससे क्लेश भी उत्पन्न होता है। दया और निस्स्वार्थपरता को कार्य-रूप में परिणत करने का एक और उपाय है और वह है कर्मों को उपासना रूप मानना। यदि हम साकार ईश्वर में विश्वास रखते हैं, यहाँ हम अपने समस्त कर्मों के फल ईश्वर को ही समर्पित कर देते हैं और इस प्रकार उनकी उपासना करते हुए हमें इस बात का कोई अधिकार नहीं रह जाता कि हम अपने किए हुए कर्मों के बदले में मानव जाति से कुछ माँगें। प्रभु स्वयं निरंतर कार्य करते रहते हैं और वे सारी आसक्ति से परे हैं। जिस प्रकार पानी कमल के पत्ते को नहीं भिगो सकता, उसी प्रकार कोई कर्म भी फलासक्ति उत्पन्न करके निस्स्वार्थी पुरुष को बंधन में नहीं डाल सकता। अहं-शून्य और अनासक्त पुरुष किसी जनपूर्ण और पापमय नगर के बीच ही क्यों न रहें, पर पाप उन्हें स्पर्श तक न कर सकेगा।

□

इच्छा-शक्ति का विकास

हमारे देश के लोग शास्त्रीय नियमानुसार जन्म लेते हैं, तदनुसार ही खाते-पीते हैं और उसी प्रकार विवाह तथा तत्संबंधी कार्य भी करते हैं, यहाँ तक कि शास्त्रों के नियमानुसार ही वे मरते भी हैं। एक विशेष गुण को छोड़कर यह कठिन नियमबद्धता दोषों से परिपूर्ण है। गुण यह है कि अति अल्प यत्न से व्यक्ति एक या दो काम अति उत्तम रीति से कर सकता है, क्योंकि कई पीढ़ियों से उस काम का उसे दैनिक अभ्यास होता है। इस देश के रसोइए तीन मिट्टी के ढेले और कुछ लकड़ियों की सहायता से जो स्वादिष्ट शाक-चावल तैयार कर सकते हैं, वह कहीं और नहीं मिल सकता। एक रुपए मूल्य के बहुत ही प्राचीन समय के करघे जैसे सरल यंत्र की सहायता से गड्ढे में पैर रखकर 20 रुपए गज की मलमल बनाना केवल इसी देश में संभव है। एक फटा टाट और रेड़ी (अरंड) के तेल से जलनेवाला मिट्टी का दीया, इन्हीं की सहायता से केवल इसी देश में अद्‌भुत विद्वान् पैदा होते हैं। कुरूप और विकृत पत्नी के प्रति असीम सहनशीलता तथा दुष्ट और अयोग्य पति के प्रति आजन्म भक्ति, यह भी इसी देश में संभव है। यह तो हुआ उज्ज्वल पक्ष; परंतु यह काम वे लोग करते हैं, जिनका जीवन निर्जीव यंत्र के समान व्यतीत होता है। उनमें मानसिक क्रिया नहीं है। उनके हृदय का विकास नहीं होता। उनका जीवन स्पंदनहीन है। उसमें आशा का प्रवाह बंद है। उनमें इच्छा-शक्ति की प्रबल उत्तेजना नहीं है, सुख का तीव्र अनुभव नहीं होता, न प्रचंड दुःख ही उनका स्पर्श करता है। उनकी प्रतिभाशाली बुद्धि में निर्माण-शक्ति कभी

हलचल नहीं मचाती। उनमें नवीनता की कोई अभिलाषा नहीं है और न नई वस्तुओं के प्रति आदर-भाव ही है। उनके हृदयाकाश के बादल कभी नहीं हटते। प्रातःकालीन सूर्य की छवि कभी उनके मन को मुग्ध नहीं करती। उनके मन में यह कभी नहीं आता कि इससे अच्छी भी कोई अवस्था हो सकती है! यदि ऐसा विचार आता भी है तो विश्वास नहीं होता है। विश्वास भी हो तो उद्योग होने पर भी उत्साह का अभाव उसे मार देता है।

यंत्र-चालित अति विशाल जहाज और महा-बलवान् रेल का इंजन जड़ हैं। वे हिलते और चलते हैं, परंतु जड़ हैं। दूसरी ओर वह नन्हा सा कीड़ा, जो दूर से अपने जीवन की रक्षा के लिए रेल की पटरी से हट गया, वह चैतन्य क्यों है? यंत्र में इच्छा-शक्ति का कोई विकास नहीं है। यंत्र कभी नियम का उल्लंघन करने की कोई इच्छा नहीं रखता। कीड़ा नियम का विरोध करना चाहता है और नियम के विरुद्ध जाता है, चाहे उस प्रयत्न में वह सफल हो या असफल। अतः वह चेतन है। जिस अंश में इच्छा-शक्ति के प्रकट होने में सफलता होती है, उसी अंश में सुख अधिक होता है और जीव उतना ही ऊँचा होता है। परमात्मा की इच्छा-शक्ति पूर्णरूप से सफल होती है, इसलिए वह उच्चतम है।

यंत्र-चालित अति विशाल जहाज और महा-बलवान् रेल का इंजन जड़ हैं। वे हिलते और चलते हैं, परंतु जड़ हैं। दूसरी ओर वह नन्हा सा कीड़ा, जो दूर से अपने जीवन की रक्षा के लिए रेल की पटरी से हट गया, वह चैतन्य क्यों है? यंत्र में इच्छा-शक्ति का कोई विकास नहीं है।

शिक्षा किसे कहते हैं? क्या यह पठन मात्र है? नहीं, क्या वह नाना प्रकार का ज्ञानार्जन है? नहीं, यह भी नहीं। जिस संयम द्वारा इच्छा-शक्ति का प्रवाह और विकास वश में लाया जाता है और वह फलदायक होता है, वह शिक्षा कहलाती है। इच्छा-शक्ति संसार में सर्वाधिक बलवती है। उसके सामने दुनिया की कोई चीज नहीं ठहर सकती; क्योंकि वह भगवान्, साक्षात् भगवान्

से आती है। विशुद्ध और दृढ़ इच्छा-शक्ति सर्वशक्तिमान है। अधिकांश लोगों में वही आंतरिक ईश्वरीय ज्योति आवृत्त तथा अस्पष्ट होकर रहती है, जैसे एक लोहे के पीपे के भीतर दीपक रखा रहता है। उस दीपक की थोड़ी सी भी ज्योति बाहर नहीं आ पाती। पवित्रता एवं निस्स्वार्थता का थोड़ा-थोड़ा अभ्यास करते-करते हम इस आच्छादक माध्यम को पतला कर सकते हैं। अंत में वह काँच के समान पारदर्शी हो जाता है।

हम दर्पण में अपना मुख देख पाते हैं—समुदय ज्ञान भी संप्रदाय नहीं है, जो इस बात की शिक्षा देता हो कि हमें शक्ति, पवित्रता अथवा पूर्णता कहीं बाहर से प्राप्त होगी; वरन् सर्वत्र हमें यही शिक्षा मिलती है कि वे तो हमारे जन्मसिद्ध अधिकार हैं। हमारे लिए उनकी प्राप्ति स्वाभाविक है। अपवित्रता तो केवल एक बाह्य आवरण है, जिसके नीचे हमारा वास्तविक स्वरूप ढक गया है; परंतु जो सच्चा 'तुम' है, वह पहले से ही पूर्ण है, शक्तिशाली है।

हम दर्पण में अपना मुख देख पाते हैं—समुदय ज्ञान भी संप्रदाय नहीं है, जो इस बात की शिक्षा देता हो कि हमें शक्ति, पवित्रता अथवा पूर्णता कहीं बाहर से प्राप्त होगी; वरन् सर्वत्र हमें यही शिक्षा मिलती है कि वे तो हमारे जन्मसिद्ध अधिकार हैं।

ईश्वर तथा मनुष्य में, साधु तथा असाधु में भेद किस कारण होता है? केवल अज्ञान से। बड़े-बड़े व्यक्ति तथा तुम्हारे पैर के नीचे रेंगनेवाले कीड़े में भेद क्या है? भेद होता है केवल अज्ञान से; क्योंकि उस छोटे से रेंगते हुए कीड़े में भी वही अनंत शक्ति विद्यमान है। वही ज्ञान है, वही शुद्धता है, यहाँ तक कि साक्षात् अनंत भगवान् विद्यमान हैं। अंतर यही है कि उसमें यह सब अव्यक्त रूप में है; जरूरत है इसी को व्यक्त करने की। हमारा साधारण ज्ञान भी, वह चाहे विद्या या अविद्या, किसी भी रूप से प्रकाशित क्यों न हो, उसी चित् या ज्ञान-स्वरूप का प्रकाश है। भेद प्रकारगत नहीं, अपितु परिमाणगत है। नीचे धरती पर रेंगनेवाला क्षुद्र कीड़ा और स्वर्ग का श्रेष्ठतम देवता—इन दोनों के ज्ञान का भेद प्रकारगत नहीं, परिमाणगत है। हमारे पैरों तले रेंगते

रहनेवाले क्षुद्र कीट से लेकर महत्तम और उच्चतम साधु तक, सब में वह अनंत शक्ति, अनंत पवित्रता और सभी गुण अनंत परिमाण में मौजूद हैं। भेद केवल अभिव्यक्ति की न्यूनाधिक मात्रा में है। कीट में उस महाशक्ति का थोड़ा ही विकास पाया जाता है, तुममें उससे भी अधिक हुआ है। भेद बस, इतना ही है, परंतु है सभी में वही एक शक्ति। पतंजलि कहते हैं—ततः क्षेत्रिकवत्—'किसान जिस तरह अपने खेत में पानी भरता है।' किसी जलाशय से वह अपने खेत का एक कोना काटकर पानी भर रहा है और जल के वेग से खेत के बह जाने के भय से उसने नाली का मुँह बंद कर रखा है। जब भी जरूरत पड़ती है, तब वह द्वार खोल देता है, पानी अपनी ही शक्ति से उसमें भर जाता है। पानी आने के वेग को बढ़ाने की कोई जरूरत नहीं, क्योंकि वह जलाशय के जल में पहले ही से विद्यमान है। वैसे ही हममें से हर एक के पीछे पहले से ही अनंत शक्ति, अनंत पवित्रता, अनंत सत्ता, अनंत वीरता, अनंत आनंद का भंडार परिपूर्ण है; बस, केवल यह द्वार, यही देह रूपी द्वार हमारे वास्तविक रूप के पूर्ण विकास में बाधा पहुँचाता है और इस देह का संगठन जितना ही उन्नत होता जाता है, तमोगुण जितना ही रजोगुण तथा सत्त्वगुण में परिणत होता है, यह शक्ति और शुद्धता भी उतनी ही अभिव्यक्त होती रहती है और इसीलिए खान-पान के विषय में हम इतने सावधान रहते हैं।

किसी जलाशय से वह अपने खेत का एक कोना काटकर पानी भर रहा है और जल के वेग से खेत के बह जाने के भय से उसने नाली का मुँह बंद कर रखा है। जब भी जरूरत पड़ती है, तब वह द्वार खोल देता है, पानी अपनी ही शक्ति से उसमें भर जाता है।

चित्त-संयम और एकाग्रता

हम संसार में सर्वत्र देखते हैं कि सभी शिक्षा दे रहे हैं कि 'अच्छे बनो! अच्छे बनो! अच्छे बनो!' संभवतः संसार के किसी भी देश में कोई भी ऐसा

बालक नहीं हुआ, जिसे झूठ न बोलने, चोरी न करने आदि की शिक्षा न मिली हो; पर कोई उसे यह शिक्षा नहीं देता कि वह इन बुरे कर्मों से किस प्रकार बचे? केवल बात करने से काम नहीं बनता। वह चोर क्यों न बने? हम तो उसको चोरी से बचने की शिक्षा नहीं देते। उससे बस, इतना ही कह देते हैं, 'चोरी मत करो।' यदि उसे मन:संयम का उपाय सिखाया जाए, तभी उसे सच्ची शिक्षा प्राप्त हो सकती है। वही उसकी सच्ची सहायता और उपकार है। जब मन इंद्रिय नामक भिन्न-भिन्न स्नायु-केंद्रों में जुड़ा रहता है, तभी समस्त बाह्य और आंतरिक कर्म होते हैं। इच्छा या अनिच्छापूर्वक व्यक्ति अपने मन को भिन्न-भिन्न (इंद्रिय नामक) केंद्रों से जोड़ने को बाध्य होता है। इसीलिए व्यक्ति तरह-तरह के दुष्कर्म करता है और बाद में कष्ट पाता है। मन यदि अपने वश में रहता तो व्यक्ति कभी अनुचित कर्म न करता। मन को संयत करने का फल क्या है? यही कि मन संयत हो जाने पर वह फिर विषयों का अनुभव करनेवाली भिन्न-भिन्न इंद्रियों के साथ अपने को संयुक्त नहीं करेगा और ऐसा होने पर सब प्रकार की भावनाएँ व इच्छाएँ हमारे वश में आ जाएँगी।

ज्ञान प्राप्त करने का एकमात्र उपाय है एकाग्रता। रसायन-शास्त्री प्रयोगशाला में जाकर अपने मन की सारी शक्तियों को केंद्रीभूत करके जिन वस्तुओं का विश्लेषण करता है, उन पर प्रयोग करता है और इस प्रकार वह उनके रहस्यों को जान लेता है।

ज्ञान प्राप्त करने का एकमात्र उपाय है एकाग्रता। रसायन-शास्त्री प्रयोगशाला में जाकर अपने मन की सारी शक्तियों को केंद्रीभूत करके जिन वस्तुओं का विश्लेषण करता है, उन पर प्रयोग करता है और इस प्रकार वह उनके रहस्यों को जान लेता है। ज्योतिर्विद् अपने मन की सारी शक्तियों को एकत्रित करके दूरबीन द्वारा आकाश में प्रक्षेपित करता है और सूर्य-चंद्र एवं तारे उसके समक्ष अपने-अपने रहस्य खोल देते हैं। मैं जिस विषय पर बातें कर रहा हूँ, उस पर मैं जितना ही मनोनिवेश कर सकूँगा, उतना ही उस विषय का गूढ़ तत्त्व आप लोगों के समक्ष प्रकट कर सकूँगा। आप लोग मेरी बातें

सुन रहे हैं और आप इस विषय पर जितना ही मनोनिवेश करेंगे, मेरी बातों की उतनी ही स्पष्ट रूप से धारणा कर सकेंगे। मोची यदि थोड़ा अधिक मन लगाकर काम करे तो वह जूतों को अधिक अच्छी तरह से पॉलिश कर सकेगा। रसोइया एकाग्र होने से भोजन को अच्छी तरह पका सकेगा। अर्थ का उपार्जन हो या ईश्वर की उपासना, जिस काम में जितनी अधिक एकाग्रता होगी, वह कार्य उतने ही अधिक अच्छे प्रकार से संपन्न होगा। मन की शक्तियों को एकाग्र करने के सिवा अन्य किस विधि से संसार के ये सब ज्ञान उपलब्ध हुए हैं ? यदि केवल इतना ज्ञात हो गया कि प्रकृति के द्वार को कैसे खटखटाया जाए, उस पर कैसे दस्तक दी जाए तो बस, प्रकृति अपने सारे रहस्य खोल देती है। उस आघात की शक्ति और तीव्रता एकाग्रता से ही आती है। मानव-मन की शक्ति असीम है। वह जितना ही एकाग्र होता है, उतनी ही उसकी शक्ति एक लक्ष्य पर केंद्रित होती है। यही रहस्य है।

कोई बालक जब नया-नया पढ़ना आरंभ करता है तो वह एक-एक अक्षर का दो-तीन बार उच्चारण करने के बाद ही पूरे शब्द का उच्चारण करता है। उस समय उसका ध्यान प्रत्येक अक्षर पर रहता है; परंतु जब उसका अभ्यास बढ़ जाता है, तब उसकी दृष्टि अक्षर पर नहीं, बल्कि एक-एक शब्द पर पड़ती है और वह अक्षरों पर ध्यान दिए बिना ही सीधे शब्द का बोध करता है।

कोई बालक जब नया-नया पढ़ना आरंभ करता है तो वह एक-एक अक्षर का दो-तीन बार उच्चारण करने के बाद ही पूरे शब्द का उच्चारण करता है। उस समय उसका ध्यान प्रत्येक अक्षर पर रहता है; परंतु जब उसका अभ्यास बढ़ जाता है, तब उसकी दृष्टि अक्षर पर नहीं, बल्कि एक-एक शब्द पर पड़ती है और वह अक्षरों पर ध्यान दिए बिना ही सीधे शब्द का बोध करता है। जब उसका अभ्यास और बढ़ जाता है तो उसकी दृष्टि सीधे एक-एक वाक्य पर पड़ती है और उनके अर्थ का बोध होता जाता है। इसी अभ्यास में और भी वृद्धि हो जाने पर एक-एक पृष्ठ का ज्ञान होने लगता है। यह और

कुछ नहीं, केवल अभ्यास, ब्रह्मचर्य और एकाग्रता का फल है। प्रयास करने पर ऐसा कोई भी कर सकता है। आप प्रयास कीजिए तो आपको भी ऐसा ही फल मिलेगा। निम्नतम मनुष्य से लेकर सर्वोच्च योगी तक को इसी उपाय का अवलंबन करना पड़ता है।

हमारे मतानुसार मन की सारी शक्तियों को एकमुखी करना ही ज्ञान-लाभ का एकमात्र उपाय है। बाह्य विषयों पर मन को एकाग्र करना होता है और अंतर्विज्ञानों में मन की गति को आत्माभिमुखी करना पड़ता है। मन की इस एकाग्रता को ही हम 'योग' कहते हैं। योगी कहते हैं कि इस एकाग्रता-शक्ति का फल अत्यंत महान् है। उनका कहना है कि मन की एकाग्रता के बल से संसार के सारे सत्य—बाह्य और अंतर—दोनों जगत् के सत्य हाथ में रखे आँवले की भाँति प्रत्यक्ष हो जाते हैं। मन जब एकाग्र होता है और उसे पीछे मोड़कर स्वयं उसी पर केंद्रित कर दिया जाता है तो हमारे भीतर जो भी है, वह हमारा स्वामी न रहकर हमारा दास बन जाता है। यूनानियों ने अपने मन की एकाग्रता को बाह्य संसार पर केंद्रित किया और इसके फलस्वरूप उन्होंने कला व साहित्य आदि में पूर्णता प्राप्त की। हिंदुओं ने मन की एकाग्रता को अंतर्जगत् और आत्मा के अगोचर क्षेत्र पर केंद्रित किया और उसके फलस्वरूप 'योगशास्त्र' का विकास हुआ। प्रत्येक वृत्ति का विकास-साधन इसी रूप में करना होगा कि मानो उस वृत्ति को छोड़ अन्य कोई हमारे लिए है ही नहीं। यह है तथाकथित सामंजस्यपूर्ण उन्नति-साधन का यथार्थ रहस्य, अर्थात् गंभीरता के साथ उदारता का अर्जन करो, किंतु उसे खो मत दो। हम अनंत-स्वरूप हैं, हम सभी किसी भी प्रकार की सीमा के

हमारे मतानुसार मन की सारी शक्तियों को एकमुखी करना ही ज्ञान-लाभ का एकमात्र उपाय है। बाह्य विषयों पर मन को एकाग्र करना होता है और अंतर्विज्ञानों में मन की गति को आत्माभिमुखी करना पड़ता है। मन की इस एकाग्रता को ही हम 'योग' कहते हैं। योगी कहते हैं कि इस एकाग्रता-शक्ति का फल अत्यंत महान् है।

अतीत हैं। ऐसा करने का उपाय है—मन का किसी विषय विशेष में प्रयोग न करके स्वयं मन का ही विकास करना और उसका संयम करना। ऐसा होने पर तुम उसे चाहे जिस ओर घुमा सकोगे। वेदांत का आदर्श—जो यथार्थ कर्म है, वह अनंत शांति के साथ जुड़ा है। किसी भी प्रकार की परिस्थिति में वह स्थिरता कभी नष्ट नहीं होती। चित्त का वह साम्य-भाव कभी भंग नहीं होता। हम लोग भी बहुत कुछ देखने-सुनने के बाद यही समझ पाए हैं कि कार्य करने के लिए इसी तरह की मनोवृत्ति सर्वाधिक उपयोगी है।

हम लोग जितने अधिक शांत होते हैं, उतना ही हमारा कल्याण होता है और हम काम भी अधिक अच्छी तरह कर पाते हैं। भावनाओं के अधीन हो जाने पर हम अपनी शक्तियों का अपव्यय करते हैं, अपने स्नायुओं को विकृत कर डालते हैं, मन को चंचल बना डालते हैं; लेकिन काम बहुत कम कर पाते हैं।

अभ्यास से एकाग्रता

हम लोग जितने अधिक शांत होते हैं, उतना ही हमारा कल्याण होता है और हम काम भी अधिक अच्छी तरह कर पाते हैं। भावनाओं के अधीन हो जाने पर हम अपनी शक्तियों का अपव्यय करते हैं, अपने स्नायुओं को विकृत कर डालते हैं, मन को चंचल बना डालते हैं; लेकिन काम बहुत कम कर पाते हैं। जिस शक्ति को कार्यरूप में परिणत होना उचित था, वह वृथा भावुकता मात्र में परिणत होकर नष्ट हो जाती है। जब मन अत्यंत शांत और एकाग्र रहता है, केवल तभी हमारी पूरी शक्ति सत्कार्य में व्यय होती है। यदि तुम कभी जगत् के महान् कार्य-कुशल व्यक्तियों की जीवनी पढ़ो तो देखोगे कि वे अद्‌भुत शांत प्रकृति के लोग थे। कोई भी चीज उनके चित्त की स्थिरता को भंग नहीं कर पाती थी। अत: जो व्यक्ति शीघ्र ही क्रोध, घृणा या किसी अन्य आवेग से अभिभूत हो जाता है, वह कोई काम नहीं कर पाता, अपने आपको चूर-चूर कर डालता है और कुछ भी व्यावहारिक नहीं कर पाता। केवल शांत व क्षमाशील स्थिर चित्त व्यक्ति ही सर्वाधिक काम कर पाते हैं।

ये इंद्रियाँ मन की ही विभिन्न अवस्थाएँ मात्र हैं। मैं एक पुस्तक देखता हूँ। वस्तुतः यह पुस्तक–आकृति बाहर नहीं, मन में है। बाहर की कोई चीज उस आकृति को केवल जगा भर देती है; वास्तविक आकृति तो चित्त में ही है। इंद्रियों के सामने जो कुछ आता है, वे उसके साथ मिश्रित होकर उसी का आकार धारण कर लेती हैं। यदि तुम चित्त को ये सब विभिन्न आकृतियाँ धारण करने से रोक सको, तभी तुम्हारा मन शांत होगा और इंद्रियाँ भी मन के अनुरूप हो जाएँगी। तस्य प्रषांत–वाहिता संस्कारात्—अभ्यास द्वारा इसकी स्थिरता होती है। प्रतिदिन नियमित रूप से अभ्यास करने पर मन का यह नियत संयम प्रवाह के रूप में चलता रहता है तथा स्थिर हो जाता है और तब मन सदैव एकाग्रशील रह सकता है। मन के एकाग्र हो जाने पर समय का कोई बोध नहीं रहेगा। जितना ही समय का बोध जाने लगता है, हम उतने ही एकाग्र होते जाते हैं। हम अपने दैनिक जीवन में भी देख पाते हैं कि जब हम कोई पुस्तक पढ़ने में तल्लीन रहते हैं, तब समय की ओर हमारा बिल्कुल भी ध्यान नहीं रहता। जब हम पढ़कर उठते हैं तो अचरज करने लगते हैं कि इतना समय बीत गया! सारा समय मानो एकत्र होकर वर्तमान में एकीभूत हो जाता है। इसीलिए कहा गया है कि भूत, वर्तमान और भविष्य आकर जितना ही एकीभूत होते जाते हैं, मन उतना ही एकाग्र होता जाता है। किसी एक विषय पर भी मन की एकाग्रता हो जाने पर, उस एकाग्रता को जिस विषय पर भी चाहो, उसी पर लगा सकते हो।

ये इंद्रियाँ मन की ही विभिन्न अवस्थाएँ मात्र हैं। मैं एक पुस्तक देखता हूँ। वस्तुतः यह पुस्तक–आकृति बाहर नहीं, मन में है। बाहर की कोई चीज उस आकृति को केवल जगा भर देती है; वास्तविक आकृति तो चित्त में ही है। इंद्रियों के सामने जो कुछ आता है, वे उसके साथ मिश्रित होकर उसी का आकार धारण कर लेती हैं।

ब्रह्मचर्य : एकाग्रता में सहायक

पूर्ण ब्रह्मचर्य द्वारा मानसिक और आध्यात्मिक शक्ति बड़ी प्रबल हो जाती है। बारह वर्षों तक काय-मनो-वाच्य से अखंड ब्रह्मचर्य का पालन करने से शक्ति प्राप्त होती है। इसका ठीक-ठीक पालन कर पाने से सारी विद्याएँ क्षण भर में याद हो जाती हैं। व्यक्ति श्रुतिधर, स्मृतिधर बन जाता है। ब्रह्मचर्य के अभाव से ही हमारे देश का सबकुछ नष्ट हो गया। जब जो काम करना हो, तब उसे पूरी लगन और शक्ति के साथ करो। गाजीपुर के पवहारी बाबा जैसे एकचित्त से ध्यान-जप, पूजा-पाठ आदि करते थे, वैसे ही अपने पीतल के लोटे को भी माँजते थे। ऐसा माँजते कि सोने की भाँति चमकने लगता। क्रिया जितनी बुरी है, बुरी कल्पना भी उतनी ही बुरी है। कामेच्छा का दमन करने पर उससे सर्वोच्च लाभ होता है। उसका संयम करने से शक्ति में वृद्धि होती है। इस आत्म-संयम से महान् इच्छा-शक्ति का प्रादुर्भाव होता है; वह बुद्ध या ईसा जैसे चरित्र का निर्माण करता है। मूर्ख लोग इस रहस्य को नहीं जानते।

पूर्ण ब्रह्मचर्य द्वारा मानसिक और आध्यात्मिक शक्ति बड़ी प्रबल हो जाती है। बारह वर्षों तक काय-मनो-वाच्य से अखंड ब्रह्मचर्य का पालन करने से शक्ति प्राप्त होती है। इसका ठीक-ठीक पालन कर पाने से सारी विद्याएँ क्षण भर में याद हो जाती हैं। व्यक्ति श्रुतिधर, स्मृतिधर बन जाता है।

काम-शक्ति को आध्यात्मिक शक्ति में परिणत करो। यह शक्ति जितनी प्रबल होगी, उतना ही अधिक कार्य हो सकेगा। प्रबल जलधारा मिले तो उसकी सहायता से खान तक खोदने का कार्य किया जा सकता है। ब्रह्मचर्य-युक्त व्यक्ति के मस्तिष्क में प्रबल शक्ति, महती इच्छा-शक्ति संचित रहती है। ब्रह्मचर्य को छोड़ अन्य किसी भी उपाय से आध्यात्मिक शक्ति नहीं आ सकती। इसके द्वारा मनुष्य जाति पर आश्चर्यजनक क्षमता प्राप्त की जा सकती है। दुनिया के सभी आध्यात्मिक नेता ब्रह्मचर्यवान् थे। उन्हें सारी शक्ति इस

ब्रह्मचर्य से ही मिली थी। प्रत्येक को पूर्ण ब्रह्मचर्य का व्रत लेना चाहिए, तभी हृदय में श्रद्धा और भक्ति का उदय होगा। हमें पुनः सच्चा श्रद्धा-भाव जगाना होगा, अपने सुप्त आत्म-विश्वास को जगाना होगा, तभी हम आज की राष्ट्रीय समस्याओं का समाधान स्वयं कर सकेंगे।

एक असंस्कृत मनुष्य इंद्रिय-सुखों में ही उन्मत्त रहता है। ज्यों-ज्यों वह सुसंस्कृत होता है, त्यों-त्यों उसे बौद्धिक विषयों में सुख मिलने लगता है और उसके विषय-भोग भी धीरे-धीरे कम होते जाते हैं। कुत्ता या भेड़िया जितनी रुचि के साथ खाता है, मनुष्य खाने में उतना रस नहीं ले सकता; पर मनुष्य बुद्धि या बौद्धिक कार्यों से जो आनंद ले पाता है, उसका अनुभव कुत्ता कभी नहीं कर सकता। शुरू में इंद्रियों से सुख होता है; पर प्राणी ज्यों-ज्यों उच्चतर दशाओं में उन्नत होता है, त्यों-त्यों इंद्रिय-सुखों में उसकी रुचि कम होती जाती है। संसार में हम देखते हैं कि व्यक्ति जितना ही पशुवत् स्वभाव का होता है, वह इंद्रियों में उतने ही तीव्र सुख का बोध करता है; पर वह जितना सुसंस्कृत और उच्च होता है, उतना ही उसे बुद्धि संबंधी तथा वैसी ही अन्य सूक्ष्मतर बातों में आनंद मिलने लगता है। मनुष्य और पशु में यही भेद है। मनुष्य में चित्त की एकाग्रता की शक्ति अपेक्षाकृत अधिक है। एकाग्रता की शक्ति में भेद के कारण ही एक व्यक्ति दूसरे से भिन्न होता है। छोटे-से-छोटे व्यक्ति की तुलना बड़े-से-बड़े व्यक्ति से करो। भेद मन की एकाग्रता की मात्रा में होता है। मेरे विचार से, शिक्षा का सार मन की एकाग्रता प्राप्त करना है, तथ्यों का संकलन नहीं।

एक असंस्कृत मनुष्य इंद्रिय-सुखों में ही उन्मत्त रहता है। ज्यों-ज्यों वह सुसंस्कृत होता है, त्यों-त्यों उसे बौद्धिक विषयों में सुख मिलने लगता है और उसके विषय-भोग भी धीरे-धीरे कम होते जाते हैं। कुत्ता या भेड़िया जितनी रुचि के साथ खाता है, मनुष्य खाने में उतना रस नहीं ले सकता''

प्रत्यक्ष अनुभूति

प्रकृति के साथ नियमित सान्निध्य रखने पर उसी से सच्ची शिक्षा मिलती है। अनुभव ही हमारा एकमात्र शिक्षक है। भले ही हम सारे जीवन तर्क-विचार करते रहें, पर प्रत्यक्ष अनुभव के बिना सत्य का कण मात्र भी न समझ सकेंगे।

यदि सारा ज्ञान हमें प्रत्यक्ष अनुभूति से प्राप्त हुआ हो तो यह निश्चित है कि हमने जिसका कभी प्रत्यक्ष अनुभव न किया हो, उसकी कल्पना या धारणा भी हम कभी नहीं कर सकते। अंडे से बाहर आते ही मुरगी के चूजे दाना चुगना शुरू कर देते हैं। ऐसा भी देखा गया है कि यदि कभी बतख का अंडा मुरगी द्वारा सेया गया तो भी बतख का बच्चा अंडे से बाहर आते ही पानी में चला गया और इधर उसकी मुरगी माँ सोचती है कि शायद बच्चा पानी में डूब गया। यदि प्रत्यक्ष अनुभूति ही ज्ञान का एकमात्र उपाय हो तो उस मुरगी के चूजे ने दाना चुगना कहाँ से सीखा, या फिर बतख के बच्चों ने यह कैसे जाना कि पानी ही उनका स्वाभाविक स्थान है ? यदि कहो कि यह जन्मजात प्रवृत्ति मात्र है तो उससे कुछ भी बोध नहीं होता। यह जन्मजात प्रवृत्ति क्या है ? हम लोगों में भी ऐसी बहुत सी जन्मजात प्रवृत्तियाँ हैं, जैसे तुममें से अनेक लोग पियानो बजाते हैं; तुमको यह अवश्य स्मरण होगा, जब तुमने पहले-पहल पियानो सीखना शुरू किया, तब तुमको सफेद और काले परदों में एक के बाद दूसरे पर बड़ी सावधानी के साथ उँगलियाँ रखनी पड़ती थीं; पर कुछ वर्षों के अभ्यास के बाद अब शायद तुम किसी मित्र के साथ बातें भी कर सकते हो और साथ ही तुम्हारी उँगलियाँ स्वत: पियानो पर चलती भी रहती हैं, यानी वह अब तुम्हारी जन्मजात प्रवृत्ति में परिणत हो गया है। वह तुम्हारे लिए अब पूर्ण रूप से स्वाभाविक हो गया है।

यदि सारा ज्ञान हमें प्रत्यक्ष अनुभूति से प्राप्त हुआ हो तो यह निश्चित है कि हमने जिसका कभी प्रत्यक्ष अनुभव न किया हो, उसकी कल्पना या धारणा भी हम कभी नहीं कर सकते। अंडे से बाहर आते ही मुरगी के चूजे दाना चुगना शुरू कर देते हैं।

हम जो अन्य सब कार्य करते हैं, उनके बारे में भी ठीक ऐसा ही है। अभ्यास से वे सब जन्मजात प्रवृत्ति में परिणत हो जाते हैं, स्वाभाविक हो जाते हैं। और जहाँ तक हम जानते हैं, आज जिन क्रियाओं को हम स्वाभाविक या जन्मजात प्रवृत्ति से उत्पन्न कहते हैं, वे सब पहले तर्कपूर्वक ज्ञान की क्रियाएँ थीं और अब निम्न भावापन्न होकर इस प्रकार स्वाभाविक हो गई हैं। प्रत्यक्ष अनुभूति के बिना शुक्ति-विचार नहीं हो सकता। इसीलिए समस्त जन्मजात प्रवृत्तियाँ पहले ही प्रत्यक्ष अनुभूतियों का फल हैं। पहले के अनुभूत बहुत से भय के संस्कार कालांतर में इस जीवन के प्रति ममता के रूप में परिणत हो जाते हैं। यही कारण है कि बालक अति शैशव काल से ही अपने आप डरता रहता है, क्योंकि उसके मन में दुःख का पूर्व अनुभूतिजन्य संस्कार विद्यमान है। योगियों की दार्शनिक भाषा में हम कह सकते हैं कि वह संस्कार के रूप में परिणत हो गया है। शिक्षा अस्थि-मज्जा में प्रविष्ट होकर संस्कृति में परिणत हो जाने पर वही युग के आघातों को सहन कर सकती है, मात्र ज्ञान-राशि नहीं। तुम संसार के सामने बहुत सा ज्ञान रख सकते हो, पर उससे कुछ विशेष लाभ न होगा। ज्ञान को रक्त में व्याप्त होकर संस्कार में परिणत हो जाना चाहिए।

हम जो अन्य सब कार्य करते हैं, उनके बारे में भी ठीक ऐसा ही है। अभ्यास से वे सब जन्मजात प्रवृत्ति में परिणत हो जाते हैं, स्वाभाविक हो जाते हैं। और जहाँ तक हम जानते हैं, आज जिन क्रियाओं को हम स्वाभाविक या जन्मजात प्रवृत्ति से उत्पन्न कहते हैं...

मान लो, मैंने रास्ते में एक कुत्ता देखा। मैंने जाना कि वह कुत्ता ही है। मेरे मन पर ज्यों ही उसकी छाप पड़ी, त्यों ही मैं उसको अपने मन के पूर्व संस्कारों से मिलाने लगा। मैंने देखा कि वहाँ मेरे सारे पूर्व संस्कार स्तर-स्तर में सजे हुए हैं। ज्यों ही कोई नई चीज आई, त्यों ही मैं उसे पुराने संस्कारों के साथ मिलाने लगा और जब मैंने अनुभव किया कि 'हाँ, उसी की भाँति और भी कई संस्कार यहाँ विद्यमान हैं' तो बस, मैं तृप्त हो गया। तब मैंने जाना

कि इसे 'कुत्ता' कहते हैं, क्योंकि पहले के कई संस्कारों के साथ वह मिल गया। जब हम उस प्रकार का कोई संस्कार अपने भीतर नहीं देख पाते, तब हममें असंतोष पैदा होता है। इसी को 'अज्ञान' कहते हैं और संतोष मिल जाना ही 'ज्ञान' कहलाता है।

जब एक सेब गिरा तो मनुष्य को असंतोष हुआ। इसके बाद उसने क्रमशः ऐसी ही कई घटनाएँ देखीं—शृंखला की तरह वे घटनाएँ एक-दूसरे से बँधी हुई थीं। वह शृंखला क्या थी? वह शृंखला थी कि सभी सेब गिरते हैं और इसको उसने 'गुरुत्वाकर्षण' का नाम दे दिया। अतः हमने देखा कि पहले की अनुभूतियाँ न हों तो कोई नई अनुभूति पाना असंभव है, क्योंकि उस नई अनुभूति से तुलना करने के लिए कुछ भी नहीं मिल सकेगा। इससे सिद्ध होता है कि हम सब अपने भिन्न-भिन्न ज्ञान-भंडार के साथ आते हैं। ज्ञान केवल अनुभव से प्राप्त होता है। जानने का दूसरा कोई उपाय नहीं। अतः जिसे हम मनुष्य या पशु की जन्मजात प्रवृत्ति कहते हैं, वह पहले के इच्छाकृत कार्य का भाव होगा और 'इच्छाकृत कार्य' कहने से ही यह स्वीकृत हो जाता है कि पहले हमने अनुभव प्राप्त किया था। पूर्वकृत कार्य से वह संस्कार आया था और अब भी विद्यमान है। मरने का भय जन्म से ही तैरने लगता है और मनुष्य में जितने भी अनिच्छाकृत सहज कार्य पाए जाते हैं, वे सभी पूर्व के कार्य तथा अनुभूतियों के फल हैं। वे ही अब सहज प्रेरणा में परिणत हो गए हैं।

जब एक सेब गिरा तो मनुष्य को असंतोष हुआ। इसके बाद उसने क्रमशः ऐसी ही कई घटनाएँ देखीं—शृंखला की तरह वे घटनाएँ एक-दूसरे से बँधी हुई थीं। वह शृंखला क्या थी? वह शृंखला थी कि सभी सेब गिरते हैं और इसको उसने 'गुरुत्वाकर्षण' का नाम दे दिया।

यदि मुझे पुनः अपनी शिक्षा आरंभ करनी हो और मेरा वश चले तो मैं तथ्यों का अध्ययन कदापि नहीं करूँगा। मैं अपने मन की एकाग्रता तथा

अनासक्ति की क्षमता बढ़ाऊँगा और उपकरण (मन) के पूर्णतया तैयार हो जाने पर उससे इच्छानुसार तथ्यों का संकलन करूँगा।

स्व-आदर्श का अनुकरण

प्रत्येक मनुष्य का कर्तव्य है कि वह अपना आदर्श लेकर उसे रूपायित करने की चेष्टा करे। दूसरों के अव्यावहारिक आदर्शों को लेकर चलने की अपेक्षा अपने ही आदर्श का अनुकरण करना सफलता का अधिक निश्चित मार्ग है। किसी समाज के सभी स्त्री-पुरुष एक ही तरह के मन, एक ही तरह की योग्यता और एक ही तरह की शक्ति के नहीं होते। अत: उनमें से प्रत्येक का आदर्श भी भिन्न-भिन्न होना चाहिए। इन विभिन्न आदर्शों में से किसी का भी उपहास करने का हमें कोई अधिकार नहीं। प्रत्येक को यथासंभव अपना आदर्श प्राप्त करने का प्रयास करने दो। फिर यह भी ठीक नहीं कि मैं तुम्हारे या तुम मेरे आदर्श द्वारा जाँचे जाओ। सेब के पेड़ की तुलना ओक से नहीं करनी चाहिए और न ओक की तुलना सेब से करनी चाहिए।

आहार, पोशाक और जातीय आचार-व्यवहार का परित्याग करने पर धीरे-धीरे राष्ट्रीयता का लोप हो जाता है। विद्या सभी से सीखी जा सकती है; पर जिस विद्या से राष्ट्रीयता का लोप होता है, उससे उन्नति नहीं, अध:पतन ही होता है। उतावले मत बनो, किसी दूसरे का अनुकरण करने की चेष्टा मत करो।

आहार, पोशाक और जातीय आचार-व्यवहार का परित्याग करने पर धीरे-धीरे राष्ट्रीयता का लोप हो जाता है। विद्या सभी से सीखी जा सकती है; पर जिस विद्या से राष्ट्रीयता का लोप होता है, उससे उन्नति नहीं, अध:पतन ही होता है। उतावले मत बनो, किसी दूसरे का अनुकरण करने की चेष्टा मत करो। दूसरे का अनुकरण करना सभ्यता का लक्षण नहीं है। यह महान् पाठ हमें याद रखना है। मैं यदि राजा जैसी पोशाक पहन लूँ तो क्या इसी से

मैं राजा बन जाऊँगा? शेर की खाल ओढ़ने मात्र से गधा कभी शेर नहीं बन सकता। नकल करना, हीन और कायर की भाँति नकल करना कभी उन्नति के पथ पर आगे नहीं बढ़ा सकता। वह तो मनुष्य के घोर अध:पतन का लक्षण है। जब मनुष्य स्वयं से घृणा करने लग जाता है, तब समझना चाहिए कि उस पर अंतिम चोट पड़ चुकी है। जब वह अपने पूर्वजों का स्मरण करके लज्जित होता है तो समझ लो कि उसका विनाश निकट है।

आत्मविश्वासी बनो। पूर्वजों के नाम से अपने को लज्जित नहीं, गौरवान्वित महसूस करो। याद रहे, किसी का अनुकरण न करना, कदापि न करना। अपने स्वयं के प्रयत्नों द्वारा अपने अंदर की शक्तियों का विकास करो, परंतु दूसरे का अनुकरण न करना।

आत्मविश्वासी बनो। पूर्वजों के नाम से अपने को लज्जित नहीं, गौरवान्वित महसूस करो। याद रहे, किसी का अनुकरण न करना, कदापि न करना। अपने स्वयं के प्रयत्नों द्वारा अपने अंदर की शक्तियों का विकास करो, परंतु दूसरे का अनुकरण न करना। हाँ, दूसरों में जो कुछ अच्छाई हो, उसे अवश्य ग्रहण करो। हमें दूसरों से अवश्य सीखना होगा। बीज को जमीन में बो दो, उसके लिए यथेष्ट मिट्टी, हवा और जल की व्यवस्था करो; फिर कालांतर में जब वह अंकुरित होकर एक विशाल वृक्ष के रूप में फैल जाता है, तब क्या वह मिट्टी बन जाता है, या हवा या जल? नहीं, वह तो विशाल वृक्ष ही बनता है। मिट्टी, हवा और जल से रस खींचकर वह अपनी प्रकृति के अनुसार एक महावृक्ष का रूप ही धारण करता है। उसी प्रकार तुम भी करो। दूसरों से उत्तम बातें सीखकर उन्नत बनो। जो सीखना नहीं चाहता, वह तो पहले ही मर चुका है। महर्षि मनु ने कहा है, ''नीच व्यक्ति की सेवा करके उससे भी यत्नपूर्वक श्रेष्ठ विद्या सीखने का प्रयत्न करो। हीन अछूत से भी श्रेष्ठ धर्म की शिक्षा ग्रहण करो।''

दूसरों के पास जो कुछ भी अच्छा मिले, उसे सीख लो; परंतु उसे अपने भाव के साँचे में ढालकर लेना होगा। दूसरे से शिक्षा ग्रहण करते समय उनके

ऐसे अनुगामी न बनो कि अपनी स्वतंत्रता ही गँवा बैठो। भारत के राष्ट्रीय जीवन से विच्छिन्न मत हो जाना। पल भर के लिए भी ऐसा न सोचना कि भारत के सभी निवासी यदि अमुक जाति की वेशभूषा धारण कर लेते या अमुक जाति के आचार-व्यवहारों के अनुगामी हो जाते तो बड़ा अच्छा होता! राष्ट्रीय जीवन के स्रोत को पूर्ववत् प्रवाहित होने दो। हाँ, जो प्रबल बाधाएँ उसके मार्ग में रुकावट डाल रही हैं, उन्हें हटा दो; उसका रास्ता साफ करके प्रवाह को मुक्त कर दो तो देखोगे, यह राष्ट्रीय जीवन-स्रोत अपनी स्वाभाविक प्रेरणा से बहकर आगे बढ़ चलेगा और यह राष्ट्र अपनी सर्वांगीण उन्नति करते हुए अपने लक्ष्य की ओर अग्रसर होता जाएगा।

मैंने सारे संसार में देखा है कि दीनता और दुर्बलता के उपदेश से बड़े घातक परिणाम हुए हैं। इसने मनुष्य जाति को नष्ट कर डाला है। हमारी संतानों को जब ऐसी ही शिक्षा दी जाती है तो फिर यदि वे अंत में अर्ध-विक्षिप्त हो जाती हैं, तो इसमें आश्चर्य ही क्या?

मैंने सारे संसार में देखा है कि दीनता और दुर्बलता के उपदेश से बड़े घातक परिणाम हुए हैं। इसने मनुष्य जाति को नष्ट कर डाला है। हमारी संतानों को जब ऐसी ही शिक्षा दी जाती है तो फिर यदि वे अंत में अर्ध-विक्षिप्त हो जाती हैं, तो इसमें आश्चर्य ही क्या? यदि तुम भौतिक दृष्टि से बड़े होना चाहो तो विश्वास करो कि तुम बड़े हो। मैं एक छोटा सा बुलबुला और तुम पर्वताकार ऊँची तरंग हो सकते हो; परंतु यह समझ रखो कि हम दोनों के लिए पृष्ठभूमि अनंत समुद्र ही है। अनंत ईश्वर ही हमारी सब शक्ति तथा बल का भंडार है और हम दोनों ही, क्षुद्र हों या महान्, उससे अपनी इच्छा भर शक्ति-संग्रह कर सकते हैं। अतः स्वयं पर विश्वास करो। संसार के इतिहास में देखोगे कि केवल वे ही राष्ट्र महान् एवं प्रबल हो सके हैं, जो आत्म-विश्वास से युक्त हैं। दृढ़चित्त बनो और इससे भी बढ़कर पूर्णतः पवित्र व निष्कपट बनो। विश्वास करो, तुम्हारा भविष्य अत्यंत गौरवमय है।

दुःख है सुख से बड़ा शिक्षक

परमात्मा ही अशेष ज्ञान तथा अनंत शक्ति का मूल है और हर प्राणी के अंतर में मानो सोया हुआ है। उस परमात्मा को जाग्रत् करना ही सच्ची शिक्षा का उद्देश्य है। संस्कारों की समष्टि ही चरित्र है, सुख-दुःख उसके उपादान हैं।

मानव जाति का चरम लक्ष्य है—ज्ञान की प्राप्ति। भारतीय दर्शन हमारे सम्मुख एकमात्र यही लक्ष्य रखता है। मनुष्य का अंतिम लक्ष्य सुख नहीं, बल्कि ज्ञान है। सुख और आनंद नश्वर हैं, अतः सुख को ही चरम लक्ष्य मान लेना भूल है। संसार में सब दुःखों का मूल यही है कि मनुष्य मूर्खतावश सुख को ही अपना लक्ष्य समझ बैठता है; परंतु कुछ काल बाद ही उसे बोध होता है कि जिसकी ओर वह जा रहा है, वह सुख नहीं, बल्कि ज्ञान है। सुख तथा दुःख दोनों ही महान् शिक्षक हैं और जितनी शिक्षा उसे भले से मिलती है, उतनी ही बुरे से भी। सुख और दुःख मन के सामने से होकर जाते समय उसके ऊपर अनेक प्रकार के चित्र अंकित कर जाते हैं और इन चित्रों या संस्कारों की समष्टि के फल को ही हम व्यक्ति का 'चरित्र' कहते हैं। यदि तुम किसी मनुष्य के चरित्र का निरीक्षण करो तो ज्ञात होगा कि वस्तुतः वह उसकी मानसिक प्रवृत्तियों, मानसिक झुकावों की समष्टि मात्र है। तुम यह भी देखोगे कि उसके चरित्र-गठन में सुख और दुःख दोनों ही समान रूप से उपादान-स्वरूप हैं। चरित्र को एक विशिष्ट साँचे में ढालने में शुभ और अशुभ—दोनों का समान अंश रहता है और कभी-कभी तो दुःख ही सुख से भी बड़ा शिक्षक सिद्ध होता है। यदि हम संसार के महापुरुषों के चरित्र का अध्ययन करें तो अधिकांश मामलों में हम यही देखेंगे कि सुख की अपेक्षा दुःख ने तथा संपत्ति

मानव जाति का चरम लक्ष्य है—ज्ञान की प्राप्ति। भारतीय दर्शन हमारे सम्मुख एकमात्र यही लक्ष्य रखता है। मनुष्य का अंतिम लक्ष्य सुख नहीं, बल्कि ज्ञान है। सुख और आनंद नश्वर हैं, अतः सुख को ही चरम लक्ष्य मान लेना भूल है।

की अपेक्षा दरिद्रता ने ही उन्हें अधिक शिक्षा दी है और प्रशंसा की अपेक्षा आघातों ने ही उनकी अंत:स्थ अग्नि को अधिक प्रस्फुरित किया है। यदि हम शांत होकर स्वयं का अध्ययन करें तो प्रतीत होगा कि हमारा हँसना-रोना, सुख-दु:ख, हर्ष आदि हमारे मन के ऊपर विभिन्न घात-प्रतिघातों के फलस्वरूप उत्पन्न हुए हैं और आज हम जो कुछ हैं, इसी के कारण हैं। यदि तुम सचमुच किसी व्यक्ति के चरित्र की जाँच करना चाहते हो तो उसके बड़े कार्यों से उसकी जाँच मत करो। हर मूर्ख किसी विशेष अवसर पर बहादुर बन सकता है; परंतु वास्तव में महान् तो वही है, जिसका चरित्र सर्वदा और सभी अवस्थाओं में महान् तथा एकसम रहता है। मनुष्य जिन शक्तियों के संपर्क में आता है, उन सब में जिस कर्म द्वारा उसका चरित्र गठित होता है, वह कर्म-शक्ति ही सबसे प्रबल होती है।

इच्छा-शक्ति सर्वशक्तिमान

संसार में हम जो भी कार्य-कलाप देखते हैं, मानव समाज में जो भी गति हो रही है, हमारे चारों ओर जो कुछ हो रहा है, वह सब मन की ही अभिव्यक्ति है, मनुष्य की इच्छा-शक्ति का ही प्रकाश है। कल-पुरजे, नगर, जहाज, युद्धपोत आदि सभी मनुष्य की इच्छा-शक्ति के विकास मात्र हैं। मनुष्य की यह इच्छा-शक्ति चरित्र से उत्पन्न होती है और चरित्र कर्मों से गठित होता है। अत: जैसा कर्म होता है, वैसी ही इच्छा-शक्ति की अभिव्यक्ति भी होती है। हमारा शरीर मानो एक लौह पिंड है और हमारा हर विचार मानो धीरे-धीरे उस पर हथौड़ी की चोट मारना है। उसके द्वारा हम अपनी इच्छानुसार अपने शरीर का गठन करते हैं। अभी हम जो कुछ हैं, वह सब अपने चिंतन का ही फल है। इसलिए तुम क्या चिंतन करते हो, इस

संसार में हम जो भी कार्य-कलाप देखते हैं, मानव समाज में जो भी गति हो रही है, हमारे चारों ओर जो कुछ हो रहा है, वह सब मन की ही अभिव्यक्ति है, मनुष्य की इच्छा-शक्ति का ही प्रकाश है। कल-पुरजे, नगर, जहाज, युद्धपोत आदि सभी मनुष्य की इच्छा-शक्ति के विकास मात्र हैं।

विषय में विशेष सावधान रहो। शब्द तो गौण वस्तु है। चिंतन ही बहुकाल स्थायी है और उसकी गति भी बहु-दूरव्यापी है। हम जो कुछ चिंतन करते हैं, उसमें हमारे चरित्र की छाप लग जाती है। इसी कारण साधु पुरुषों की हँसी या डाँट-फटकार में भी उनके हृदय का प्रेम एवं पवित्रता रहती है और उससे हमारा कल्याण ही होता है।

जिन्हें हम भूलें या बुराइयाँ कहते हैं, उन्हें दुर्बल होने के कारण करते हैं और दुर्बल हम अज्ञानी होने के कारण हैं। मैं 'पाप' शब्द के बजाय 'भूल' शब्द का प्रयोग अधिक उपयुक्त समझता हूँ। 'पाप' शब्द यद्यपि मूलतः एक बड़ा अच्छा शब्द था, किंतु अब उसमें जो भाव आ गया है, उससे मुझे भय लगता है। हमें किसने अज्ञानी बनाया है? स्वयं हमने। हम स्वयं ही अपनी आँखों पर हाथ रखकर, 'अँधेरा! अँधेरा!' चिल्लाते हैं। हाथ हटा लो तो प्रकाश हो जाएगा। तुम देखोगे कि मानव की प्रकाश-स्वरूप आत्मा के रूप में प्रकाश सदा ही विद्यमान रहता है।

जिन्हें हम भूलें या बुराइयाँ कहते हैं, उन्हें दुर्बल होने के कारण करते हैं और दुर्बल हम अज्ञानी होने के कारण हैं। मैं 'पाप' शब्द के बजाय 'भूल' शब्द का प्रयोग अधिक उपयुक्त समझता हूँ। 'पाप' शब्द यद्यपि मूलतः एक बड़ा अच्छा शब्द था, किंतु अब उसमें जो भाव आ गया है, उससे मुझे भय लगता है।

तुम्हारे आधुनिक वैज्ञानिकों के मतानुसार, इस विकास का क्या कारण है? कामना-इच्छा। पशु यदि कुछ करना चाहता है तो अपने परिवेश को अनुकूल नहीं पाता, इसलिए वह एक नया शरीर धारण कर लेता है। तुम निम्नतम जीवाणु अमीबा से विकसित हुए हो। अपनी इच्छा-शक्ति का प्रयोग करते रहो, और भी अधिक उन्नत हो जाओगे। इच्छा सर्वशक्तिमान है। तुम कहोगे, यदि इच्छा ही सर्वशक्तिमान है तो मैं हर बात क्यों नहीं कर पाता? उत्तर यह है कि तुम जब ऐसी बातें कहते हो, उस समय केवल अपने क्षुद्र 'मैं' की ओर देखते हो। सोचकर देखो, तुम क्षुद्र जीवाणु से इतने बड़े मनुष्य

हो गए! किसने तुम्हें मनुष्य बनाया? तुम्हारी अपनी इच्छा-शक्ति ने ही। यदि इच्छा-शक्ति सर्वशक्तिमान है, क्या तुम इसे अस्वीकार कर सकते हो? जिसने तुम्हें इतना उन्नत बनाया, वह तुम्हें और भी अधिक उन्नत कर सकती है। तुम्हें जरूरत है बस, चरित्र और इच्छा-शक्ति को सबल बनाने की।

यदि मैं तुम्हें उपदेश दूँ कि तुम्हारा स्वभाव बुरा है और कहूँ कि तुमने कुछ भूलें की हैं, इसलिए अब तुम अपना सारा जीवन केवल पश्चात्ताप और रोने-धोने में ही बिताओ तो इससे तुम्हारा कुछ भी भला न होगा, बल्कि इससे तो तुम और भी दुर्बल हो जाओगे। यदि हजार साल से इस कमरे में अँधेरा रहा हो और तुम कमरे में आकर 'हाय, बड़ा अँधेरा है! बड़ा अँधेरा है!' कहकर रोते रहो तो क्या अँधेरा चला जाएगा? कभी नहीं। पर दियासलाई की एक तीली जलाते ही कमरा आलोकित हो उठेगा। अतः, 'मैंने बहुत दोष किए हैं। मैंने बहुत अन्याय किया है'। आजीवन ऐसा सोचने से क्या तुम्हारा कुछ भी उपकार हो सकेगा?

किसी को भी बताने की जरूरत नहीं कि हममें बहुत से दोष हैं। ज्ञानाग्नि प्रज्वलित करो और क्षण भर में ही सारी बुराई चली जाएगी। अपने सच्चे स्वरूप को पहचानो; सच्चे 'मैं' को उसी ज्योतिर्मय, उज्ज्वल, नित्य शुद्ध 'मैं' को प्रकट करो। प्रत्येक व्यक्ति में उसी आत्मा को जगाओ।

□

महान् जन्मभूमि भारत

यह वही प्राचीन भूमि है, जहाँ दूसरे देशों को जाने से पहले तत्त्वज्ञान ने आकर अपना निवास बनाया था। वह वही भारत है, जहाँ के आध्यात्मिक प्रवाह का स्थूल प्रतिरूप उसके बहनेवाले समुद्राकार नद हैं, जहाँ चिरंतन हिमालय अपने उन्नत हिम-शिखरों के साथ मानो स्वर्गराज्य के रहस्यों की ओर निहार रहा है। यह वही भारत है, जिसकी भूमि पर संसार के सर्वश्रेष्ठ ऋषियों की चरण-रज पड़ चुकी है। यहीं सर्वप्रथम मानव-प्रकृति एवं अंतर्जगत् के रहस्योद्घाटन की जिज्ञासाओं के अंकुर उगे थे। आत्मा के अमरत्व, ईश्वर और जगत्प्रपंच तथा मनुष्य हुआ था और यहीं धर्म तथा दर्शन के आदर्शों ने अपना चरम उत्कर्ष प्राप्त किया था। यह वही भूमि है, जहाँ से बाढ़ की तरह उमड़ती हुई धर्म व दर्शन की धारा ने समग्र विश्व को बार-बार प्लावित किया है और यही वह भूमि है, जहाँ से पुनः ऐसी ही तरंगें उठकर निस्तेज जातियों में शक्ति और जीवन का संचार कर देंगी। यह वही भारत है, जो शताब्दियों के आघात, विदेशियों के सैकड़ों आक्रमण और आचार-व्यवहारों के विपर्यय सहकर भी अक्षय बना हुआ है। यह वही भारत है, जो अपने अविनाशी बल तथा जीवन के साथ अब तक पर्वत से भी दृढ़ भाव से खड़ा है। आत्मा जैसे अनादि, अनंत और अमृत-स्वरूप है, वैसे ही हमारी भारतभूमि का जीवन है और हम इसी देश की संतान हैं।

राष्ट्र की आधारभूमि : धर्म

प्राच्य और पाश्चात्य राष्ट्रों में घूमकर मुझे दुनिया की कुछ जानकारी

प्राप्त हुई और मैंने सर्वत्र सभी राष्ट्रों में कोई-न-कोई ऐसा आदर्श देखा है, जिसे उस राष्ट्र का मेरुदंड कहा जा सकता है। कहीं राजनीतिक, कहीं सामाजिक उन्नति तो कहीं मानसिक उन्नति और ऐसे ही कुछ-न-कुछ प्रत्येक के मेरुदंड का काम करता है; पर हमारी मातृभूमि भारतवर्ष का मेरुदंड धर्म, केवल धर्म ही है। धर्म ही के आधार पर, उसी की नींव पर, हमारी जाति के जीवन का प्रासाद खड़ा है। अब वह धर्म-भाव हमारे रक्त में ही मिल गया है; हमारे रोम-रोम में वही आदर्श रम रहा है; वही हमारे शरीर का अंश और हमारी जीवनी-शक्ति बन गया है। क्या तुम चाहते हो कि गंगा की धारा फिर बर्फ से ढके हुए हिमालय को लौट जाए और फिर वहाँ से नवीन धारा बनकर प्रवाहित हो? यदि वह संभव हो तो भी ऐसा नहीं हो सकता कि यह देश अपने धर्ममय जीवन के विशिष्ट मार्ग को छोड़ सके और अपने लिए राजनीतिक या अन्य किसी नवीन मार्ग को अपना ले! जिस मार्ग में बाधाएँ कम हों, तुम्हें उसी मार्ग से काम करना होगा और भारत के लिए धर्म का मार्ग ही अल्पतम बाधावाला मार्ग है। धर्म के पथ का अनुसरण करना ही हमारे जीवन, हमारी उन्नति और हमारे कल्याण का मार्ग है। मेरा तात्पर्य इस शब्द के उच्चारण के साथ याद आनेवाले जटा-जूट, दंड-कमंडलु और गिरि-कंदराओं से नहीं है। मेरा तात्पर्य यह है कि जिस ज्ञान द्वारा मनुष्य संसार के बंधन तक से छुटकारा पा जाता है, उससे क्या तुच्छ भौतिक उन्नति नहीं हो सकेगी? अवश्य हो सकेगी। मुक्ति, वैराग्य, त्याग, ये सब सर्वोच्च आदर्श हैं; पर गीता के अनुसार—'स्वल्पमपि अस्य धर्मस्य त्रायते महतो भयात्', अर्थात् उस धर्म का थोड़ा सा अंश भी महाभय (जन्म-मरण) से

अब वह धर्म-भाव हमारे रक्त में ही मिल गया है; हमारे रोम-रोम में वही आदर्श रम रहा है; वही हमारे शरीर का अंश और हमारी जीवनी-शक्ति बन गया है। क्या तुम चाहते हो कि गंगा की धारा फिर बर्फ से ढके हुए हिमालय को लौट जाए और फिर वहाँ से नवीन धारा बनकर प्रवाहित हो?

रक्षा करता है। अध्यात्म ही हमारे जीवन के सभी कार्यों का सच्चा आधार है। आध्यात्मिक शक्ति-युक्त व्यक्ति यदि चाहे तो हर विषय में सक्षम हो सकता है। जब तक मनुष्य में आध्यात्मिक बल नहीं आता, तब तक उसकी भौतिक आवश्यकताएँ भी भलीभाँति तृप्त नहीं हो सकतीं। आध्यात्मिक सहायता के बाद है बौद्धिक सहायता।

धर्म : अंतर्निहित देवत्व की अभिव्यक्ति

मैं धर्म को शिक्षा का अंतरतम अंग समझता हूँ। ध्यान रहे कि धर्म के विषय में मैं अपने या किसी दूसरे के मत की बात नहीं करता। धर्म वह वस्तु है, जिससे पशु मनुष्य तक और मनुष्य परमात्मा तक उठ सकता है। असीम शक्ति को ही धर्म तथा ईश्वर कहते हैं। उपयुक्त अवसर तथा स्थान-काल मिलते ही उस शक्ति का विकास हो जाता है; परंतु चाहे विकास हो या न हो, शक्ति ब्रह्म से लेकर तिनके तक प्रत्येक जीव में विद्यमान है। मंदिर और गिरजा, पोथी और पूजा—ये धर्म की केवल शिशु-शालाएँ मात्र हैं, जिनके द्वारा आध्यात्मिक शिशु इतना बलवान् हो जाता है कि वह उच्चतर सीढ़ियों पर पैर रखने में समर्थ हो जाए। धर्म न तो मतों में है, न पंथों में और न तार्किक विवाद में। धर्म का अर्थ है—अपने ब्रह्मत्व को जान लेना, उसका प्रत्यक्ष अनुभव प्राप्त करना और तदनुरूप हो जाना। केवल प्रत्यक्ष अनुभव द्वारा ही यथार्थ शिक्षा मिलती है। हम लोग भले ही जीवन भर तर्क-विचार करते रहें, परंतु स्वयं प्रत्यक्ष अनुभव किए बिना हम सत्य का कण मात्र भी न समझ सकेंगे। कुछ पुस्तकें पढ़ाकर तुम किसी को शल्य-चिकित्सक बनाने की आशा नहीं कर सकते। केवल एक नक्शा दिखाकर तुम देश देखने का मेरा कौतूहल नहीं मिटा सकते। स्वयं वहाँ जाकर

मैं धर्म को शिक्षा का अंतरतम अंग समझता हूँ। ध्यान रहे कि धर्म के विषय में मैं अपने या किसी दूसरे के मत की बात नहीं करता। धर्म वह वस्तु है, जिससे पशु मनुष्य तक और मनुष्य परमात्मा तक उठ सकता है।

उस देश को प्रत्यक्ष देखने पर ही मेरा कौतूहल मिटेगा। नक्शा केवल इतना कर सकता है कि वह देश के बारे में और भी अच्छी तरह जानने की इच्छा उत्पन्न कर देगा! बस, इसके सिवा उसका और कोई मूल्य नहीं।

अनुभूति ही सार वस्तु है। हजार वर्ष गंगा-स्नान कर और हजार वर्ष निरामिष खाकर भी यदि आत्म-विकास नहीं होता तो सब जानना व्यर्थ है। सभी उपासनाओं का सार यही है कि मनुष्य पवित्र रहे और सदैव दूसरों का भला करे। वह व्यक्ति, जो शिव को निर्धन, दुर्बल तथा रोगी में भी देखता है, वही सचमुच शिव की उपासना करता है और यदि वह उन्हें केवल मूर्ति में ही देखता है तो उसकी उपासना अभी नितांत प्रारंभिक है। यदि कोई बिना जाति-पाँत या ऊँच-नीच का भेदभाव किए किसी एक भी निर्धन व्यक्ति की सेवा यह सोचकर करता है कि उसमें साक्षात् शिव विराजमान हैं तो शिव उससे उस दूसरे व्यक्ति की अपेक्षा कहीं अधिक प्रसन्न होंगे, जो उन्हें केवल मंदिर में देखता है।

हजार वर्ष गंगा-स्नान कर और हजार वर्ष निरामिष खाकर भी यदि आत्म-विकास नहीं होता तो सब जानना व्यर्थ है। सभी उपासनाओं का सार यही है कि मनुष्य पवित्र रहे और सदैव दूसरों का भला करे।

सत्य बलवान् बनाता है

सत्य की कसौटी यह है, जो कुछ भी तुमको दैहिक, मानसिक और आध्यात्मिक दृष्टि से दुर्बल बनाए, उसे जहर की भाँति त्याग दो। उसमें जीवन-शक्ति नहीं है। वह कभी सत्य नहीं हो सकता। सत्य तो बलप्रद है। वह पवित्रता है, ज्ञान-स्वरूप है। सत्य तो वह है, जो शक्ति दे, अंतर के अँधेरे को दूर कर दे, हृदय में स्फूर्ति भर दे। जो उपदेश दुर्बलता की शिक्षा देता है, उस पर मुझे विशेष आपत्ति है। नर-नारी, बालक-बालिका जब दैहिक, मानसिक या आध्यात्मिक शिक्षा पाते हैं, उस समय मैं जानता हूँ कि एकमात्र सत्य ही सबल करता है। मैं जानता हूँ कि एकमात्र सत्य ही प्राणप्रद है। सत्य

की ओर गए बिना हम अन्य किसी भी उपाय से शक्तिमान नहीं हो सकते और शक्तिमान हुए बिना हम सत्य के समीप नहीं पहुँच सकते। इसलिए जो मत या शिक्षा-प्रणाली मन व मस्तिष्क को दुर्बल करे और मनुष्य को अंधविश्वास से भरे, जिससे वह अंधकार में टटोलता रहे, खयाली पुलाव पकाता रहे और हर प्रकार की अजीबोगरीब तथा अंधविश्वासपूर्ण बातों की खाक छानता रहे, वह मत या प्रणाली मुझे पसंद नहीं; क्योंकि व्यक्ति पर उसका परिणाम बड़ा ही घातक होता है। उनसे कभी कोई उपकार नहीं होता। वे निरर्थक हैं।

जो लोग इस विषय का ज्ञान रखते हैं, वे मेरे साथ इस विषय में सहमत होंगे कि ये मनुष्य को दुर्बल बना डालते हैं, इतना दुर्बल कि कालांतर में उसका मन सत्य को ग्रहण करने और तदनुसार जीवन-गठन में सर्वथा असमर्थ हो जाता है।

जो लोग इस विषय का ज्ञान रखते हैं, वे मेरे साथ इस विषय में सहमत होंगे कि ये मनुष्य को दुर्बल बना डालते हैं, इतना दुर्बल कि कालांतर में उसका मन सत्य को ग्रहण करने और तदनुसार जीवन-गठन में सर्वथा असमर्थ हो जाता है। अतः बल ही एक जरूरी चीज है। बल ही भव-रोग की दवा है। धनिकों द्वारा रौंदे जानेवाले निर्धनों के लिए बल ही एकमात्र दवा है। विद्वानों द्वारा दबाए जानेवाले अशिक्षितों के लिए बल ही एकमात्र दवा है और अन्य पापियों द्वारा सताए जानेवालों के लिए भी यही एकमात्र दवा है।

शक्तिपुंज उपनिषद्

बंधुओ, तुम्हारी और मेरी नसों में एक ही रक्त बह रहा है। तुम्हारा जीवन-मरण मेरा भी जीवन-मरण है। हमको शक्ति, केवल शक्ति ही चाहिए। उपनिषद् शक्ति की खान हैं। उपनिषदों में इतनी शक्ति विद्यमान है कि वे सारे संसार को तेजस्वी बना सकते हैं। उनके द्वारा सारा जगत् पुनरुज्जीवित, सशक्त एवं सबल हो सकता है। वे उच्च स्वर में सभी जातियों के, सकल मतों के, विभिन्न संप्रदायों के दुर्बल, दुःखी, पददलित लोगों को स्वयं अपने पैरों पर

खड़े होकर मुक्त होने का आह्वान कर रहे हैं। मुक्ति या स्वाधीनता—दैहिक, मानसिक, आध्यात्मिक स्वाधीनता—यही उपनिषदों का मूलमंत्र है।

उपनिषदों का हर पृष्ठ मुझे शक्ति का संदेश देता है। वे कहते हैं—हे मानव! तेजस्वी बनो, सबल बनो, उठकर खड़े हो जाओ, वीरता का सहारा लो। विश्व-साहित्य में केवल उपनिषदों में ही 'अभीः' (अभय) शब्द बार-बार आया है। संसार के अन्य किसी शास्त्र में ईश्वर या मानव के लिए 'अभीः' या 'अभय'—विशेषण का प्रयोग नहीं हुआ है। 'अभीः'—निर्भय बनो! और मेरे मन में अति प्राचीनकाल के उस पाश्चात्य सम्राट् सिकंदर का चित्र उदित होता है और मैं देख रहा हूँ—वह महाप्रतापी सम्राट् सिंधु नदी के तट पर खड़ा होकर अरण्यवासी, शिलाखंड पर बैठे हमारे एक वृद्ध नग्न संन्यासी के साथ बातें कर रहा है। सम्राट् संन्यासी के अपूर्व ज्ञान से विस्मित होकर उनको धन और मान का लोभ दिखाकर यूनान आने का निमंत्रण देता है। संन्यासी उसके स्वर्ण पर मुसकराते हैं, उसके प्रलोभन पर मुसकराते हैं और जाने से मना कर देते हैं। तब सम्राट् अपने अधिकार-बल से कहता है, ''नहीं चलने पर मैं आपको मार डालूँगा।'' यह सुनकर संन्यासी खिलखिलाकर हँसे। बोले, ''तुमने इस समय जैसा झूठ कहा, वैसा जीवन में कभी नहीं कहा। मुझको कौन मार सकता है? जड़ जगत् के सम्राट्, तुम मुझे मारोगे? कदापि नहीं! मैं चैतन्य स्वरूप, अज और अक्षय हूँ! मेरा कभी जन्म नहीं हुआ और न कभी मृत्यु हो सकती है! मैं अनंत, सर्वव्यापी और सर्वज्ञ हूँ। तुम मुझे मारोगे? निरे बच्चे हो तुम!'' यही सच्चा तेज है, यही सच्ची वीरता है! उपनिषदों में वर्णित इसी तेजस्विता को अपने जीवन में चरितार्थ

तुमने इस समय जैसा झूठ कहा, वैसा जीवन में कभी नहीं कहा। मुझको कौन मार सकता है? जड़ जगत् के सम्राट्, तुम मुझे मारोगे? कदापि नहीं! मैं चैतन्य स्वरूप, अज और अक्षय हूँ! मेरा कभी जन्म नहीं हुआ और न कभी मृत्यु हो सकती है! मैं अनंत, सर्वव्यापी और सर्वज्ञ हूँ। तुम मुझे मारोगे? निरे बच्चे हो तुम!

करना हमारे लिए विशेष रूप से आवश्यक हो गया है।

संसार में इन उपनिषदों के जैसा अपूर्व काव्य अन्य कोई नहीं है। अपने उपनिषदों का; उस बलप्रद, आलोकप्रद, दिव्य शास्त्र का आश्रय ग्रहण करो। सत्य जितना ही महान् होता है, उतना ही सहज व बोधगम्य होता है—स्वयं अपने अस्तित्व के समान सहज। जैसे अपने अस्तित्व को प्रमाणित करने के लिए और किसी की जरूरत नहीं होती, बस, वैसे ही। उपनिषद् के सत्य तुम्हारे सामने हैं। उनका अवलंबन करो, उन्हें समझकर कार्य में परिणत करो।

संसार में इन उपनिषदों के जैसा अपूर्व काव्य अन्य कोई नहीं है। अपने उपनिषदों का; उस बलप्रद, आलोकप्रद, दिव्य शास्त्र का आश्रय ग्रहण करो। सत्य जितना ही महान् होता है, उतना ही सहज व बोधगम्य होता है—स्वयं अपने अस्तित्व के समान सहज।

हमें देखना है कि यह वेदांत किस प्रकार हमारे दैनंदिन जीवन में, नागरिक जीवन में, ग्राम्य जीवन में, राष्ट्रीय जीवन में और प्रत्येक राष्ट्र के घरेलू जीवन में उपयोगी बनाया जा सकता है; क्योंकि धर्म मनुष्य को, वह जहाँ भी और जिस स्थिति में भी है, यदि सहायता नहीं दे सकता तो उसकी भला क्या उपयोगिता? तब तो वह केवल कुछ विशिष्ट व्यक्तियों के लिए कोरा सिद्धांत होकर रह जाएगा। धर्म यदि मानवता का कल्याण चाहता है तो उसके लिए यह आवश्यक है कि वह मनुष्य की प्रत्येक दशा में उसकी सहायता कर पाने में सक्षम हो—व्यक्ति चाहे गुलामी में हो या आजादी में, घोर पतन के गर्त में हो या पवित्रता के शिखर पर, धर्म को सर्वत्र उसकी सहायता कर पाने में समर्थ होना चाहिए।

श्रद्धावान बनो

प्राचीन धर्मों के अनुसार, वह व्यक्ति नास्तिक है, जो ईश्वर में विश्वास नहीं करता। और नया धर्म कहता है कि जिसमें आत्मविश्वास नहीं, वही नास्तिक है; पर यह विश्वास केवल इस क्षुद्र 'मैं' को लेकर नहीं है, क्योंकि

वेदांत एकत्ववाद की भी शिक्षा देता है। इस विश्वास का अर्थ है—सबके प्रति विश्वास, क्योंकि तुम सभी एक हो। अपने प्रति प्रेम का अर्थ सब प्राणियों से प्रेम, सभी पशु-पक्षियों से प्रेम, सब वस्तुओं से प्रेम है, क्योंकि तुम सब एक हो।

आत्मविश्वास का आदर्श ही हमारी सबसे अधिक सहायता कर सकता है। मेरा दृढ़ विश्वास है कि यदि इस आत्मविश्वास का और भी विस्तृत रूप से प्रचार होता और यह कार्यरूप में परिणत हो जाता तो जगत् में जितने दुःख एवं बुराइयाँ हैं, उनका अधिकांश चला जाता।

आत्मविश्वास का आदर्श ही हमारी सबसे अधिक सहायता कर सकता है। मेरा दृढ़ विश्वास है कि यदि इस आत्मविश्वास का और भी विस्तृत रूप से प्रचार होता और यह कार्यरूप में परिणत हो जाता तो जगत् में जितने दुःख एवं बुराइयाँ हैं, उनका अधिकांश चला जाता। मानव जाति के समय इतिहास में सभी महान् स्त्री-पुरुषों में यदि कोई महान् प्रेरणा सर्वाधिक सशक्त रही है तो वह यह आत्मविश्वास ही है। वे इस ज्ञान के साथ पैदा हुए थे कि वे महान् बनेंगे और वे महान् बने भी।

हमें इस समय केवल आत्मा की ही आवश्यकता है। उसके अपूर्व तत्त्व, उसकी अनंत शक्ति, अनंत बल, अनंत शुद्धता और अनंत पूर्णता के तत्त्व को जानने की। यदि मेरी कोई संतान होती तो मैं उसे जन्म के समय से ही सुनाता—'त्वमसि निरंजन।' तुमने अवश्य ही पुराण में रानी मदालसा की वह सुंदर कहानी पढ़ी होगी। संतान होते ही वे उसे अपने हाथ से पालने पर रखकर झुलाते हुए उसके लिए गातीं—

तू है मेरा लाल निरंजन, अति पावन निष्पाप।
तू है सर्व शक्ति का आकार, तेरा अमित प्रताप॥

इस कथा में सत्य छिपा हुआ है। अपने को महान् समझो और तुम सचमुच महान् हो जाओगे। सारे दोषपूर्ण कार्यों की मूल प्रेरक दुर्बलता ही है। दुर्बलता के कारण ही व्यक्ति सभी स्वार्थों में प्रवृत्त होता है; दुर्बलता के कारण ही व्यक्ति दूसरों को कष्ट पहुँचाता है; दुर्बलता के कारण ही व्यक्ति अपना सच्चा स्वरूप

अभिव्यक्त नहीं कर सकता। सब लोग जानें कि वे क्या हैं? दिन-रात वे अपने स्वरूप-सोडहं (मैं वही हूँ) का जप करें। माता के स्तनपान के साथ सोडहं की ओजमयी वाणी का पान करें। 'श्रोतव्यो मन्तव्यो निदिध्यासितव्यः' आदि का पहले श्रवण करें, तत्पश्चात् वे उसका चिंतन करें और उसी चिंतन, उसी मनन से ऐसे कार्य होंगे, जिन्हें संसार ने अब तक देखा ही नहीं है।

राष्ट्रीय आदर्श : त्याग और सेवा

विभिन्न मत-मतांतरों के भिन्न-भिन्न सुरों से भारत-गगन गूँज रहा है। यह सच है कि इन सुरों में कुछ ताल में हैं और कुछ बेताल; परंतु यह स्पष्ट समझ में आ रहा है कि इन सब में एक सुर मानो भैरव-राग के सप्तम स्वर में उठकर बाकी सुरों को कर्णगोचर नहीं होने दे रहा है और वह प्रधान सुर है—त्याग। बुद्ध ने 'त्याग' का प्रचार किया था। भारत ने सुना और फिर छह शताब्दियों में वह अपने उच्चतम शिखर पर पहुँच गया। भेद यहाँ है। भारत के राष्ट्रीय आदर्श हैं— त्याग और सेवा। आप उसकी इन धाराओं में तीव्रता उत्पन्न कीजिए और बाकी सब अपने आप ठीक हो जाएगा।

विभिन्न मत-मतांतरों के भिन्न-भिन्न सुरों से भारत-गगन गूँज रहा है। यह सच है कि इन सुरों में कुछ ताल में हैं और कुछ बेताल; परंतु यह स्पष्ट समझ में आ रहा है कि इन सब में एक सुर मानो भैरव-राग के सप्तम स्वर में उठकर बाकी सुरों को कर्णगोचर नहीं होने दे रहा है और वह प्रधान सुर है—त्याग। बुद्ध ने 'त्याग' का प्रचार किया था।

महापुरुषों की पूजा

लोगों के समक्ष यथार्थ तत्त्व रख देने होंगे, तभी तुम्हारे धर्म और देश का भला होगा। पहले तो महापुरुषों की पूजा चलानी होगी। जो लोग उन सनातन तत्त्वों की अनुभूति कर गए हैं, उन्हें लोगों के सामने आदर्श या इष्ट के रूप में खड़ा करना होगा; जैसे भारत में श्रीरामचंद्र, श्रीकृष्ण, महावीर हनुमान

और श्रीरामकृष्ण। देश में श्रीरामचंद्र और महावीर हनुमान की पूजा चला दो। वृंदावन-लीला आदि अभी रहने दो। 'गीता' का सिंहनाद करनेवाले श्रीकृष्ण की पूजा चलाओ, शक्ति की पूजा चलाओ! इस समय चाहिए महान् त्याग, महान् निष्ठा, महान् धैर्य और स्वार्थ-गंध-रहित बुद्धि की सहायता से महान् उद्यम के साथ सभी बातें ठीक जानने के लिए कमर कसकर लग जाना।

जीवंत उदाहरण

यदि तुम अकेले ही इस भाव के अनुसार अपना जीवन तैयार कर सके, तो तुम्हें देख हजारों लोग वैसा करना सीख जाएँगे; पर देखना, आदर्श से कभी एक पग भी न हटना! कभी साहस न छोड़ना! खाते, सोते, पहनते, गाते, बजाते, भोग में, रोग में सदैव तीव्र उत्साह और साहस का ही परिचय देना होगा। तभी तो महाशक्ति की कृपा होगी।

यदि तुम अकेले ही इस भाव के अनुसार अपना जीवन तैयार कर सके, तो तुम्हें देख हजारों लोग वैसा करना सीख जाएँगे; पर देखना, आदर्श से कभी एक पग भी न हटना! कभी साहस न छोड़ना! खाते, सोते, पहनते, गाते, बजाते, भोग में, रोग में सदैव तीव्र उत्साह और साहस का ही परिचय देना होगा। तभी तो महाशक्ति की कृपा होगी।

कोरे भाषण से यहाँ कुछ नहीं होगा। बाबू लोग सुनेंगे, अच्छा-अच्छा कहेंगे, तालियाँ बजाएँगे, फिर घर जाकर भात के साथ सब हजम कर जाएँगे। पुराने जंग खाए लोहे पर हथौड़ी चलाने से क्या होगा? वह टूटकर चूर हो जाएगा। पहले उसे जलाकर, लाल करके तब हथौड़ी की चोट करने पर उसे कुछ आकार दिया जा सकेगा। इस देश में ज्वलंत उदाहरण दिखाए बिना कुछ नहीं होगा। कुछ बच्चे चाहिए, जो सबकुछ त्यागकर देश के लिए जीवन अर्पित कर देंगे। पहले उनका जीवन तैयार कर देना होगा, तभी काम होगा।

ब्रह्मचर्यवान् बनो

मेरुदंड के दोनों ओर पिंगला नामक दो शक्तियाँ प्रवाहित होती हैं

और मेरु-मज्जा के बीच से होकर सुषुम्ना गुजरती है। ये इड़ा, पिंगला और सुषुम्ना हर प्राणी में विद्यमान हैं। मेरुदंडवाले सभी प्राणियों के भीतर ये तीन प्रकार की भिन्न-भिन्न क्रिया-प्रणालियाँ मौजूद हैं। योगी कहते हैं कि साधारण जीवों में यह सुषुम्ना बंद रहती है। उसके भीतर किसी तरह की क्रिया का अनुभव नहीं होता। पर इड़ा और पिंगला नाड़ियों का कार्य अर्थात् शरीर के विभिन्न भागों में शक्ति-वहन करना सभी प्राणियों में होता रहता है। योगियों के मत में उपर्युक्त शक्ति-वहन केंद्र सुषुम्ना में ही स्थित हैं। रूपक की भाषा में उन्हीं को 'पद्म' कहते हैं। सबसे नीचेवाला पद्म सुषुम्ना सबसे निचले भाग में अवस्थित है। इसका नाम है (1) मूलाधार, उसके ऊपर (2) स्वाधिष्ठान, (3) मणिपूर, (4) अनाहत, (5) विशुद्ध, (6) आज्ञा और (7) सहस्रार या सहस्रदल पद्म। सबसे नीचेवाला मूलाधार और सबसे ऊपरवाला सहस्रार है। सबसे नीचेवाला चक्र ही सर्वशक्ति का अधिष्ठान है और उस शक्ति को वहाँ से लेकर मस्तिष्क में स्थित सर्वोच्च चक्र में ले जाना होगा। योगियों का दावा है कि मनुष्य देह में जितनी भी शक्तियाँ हैं, उनमें ओज सबसे उत्कृष्ट है। यह ओज मस्तिष्क में संचित रहता है। जिसके मस्तक में जितना अधिक ओज रहता है, वह उतना ही बुद्धिमान और आध्यात्मिक बल-संपन्न होता है। कोई तो बड़ी सुंदर भाषा में सुंदर भाव व्यक्त करता है, परंतु लोग आकृष्ट नहीं होते; और दूसरा न सुंदर भाषा बोल सकता है, न ठीक से भाव व्यक्त कर सकता है, फिर भी लोग उसकी बात पर मुग्ध हो जाते हैं। वह जो भी कहता है, उसी में महाशक्ति का विकास दीख पड़ता है। ऐसी है ओज की शक्ति!

सबसे नीचेवाला पद्म सुषुम्ना सबसे निचले भाग में अवस्थित है। इसका नाम है (1) मूलाधार, उसके ऊपर (2) स्वाधिष्ठान, (3) मणिपूर, (4) अनाहत, (5) विशुद्ध, (6) आज्ञा और (7) सहस्रार या सहस्रदल पद्म। सबसे नीचेवाला मूलाधार और सबसे ऊपरवाला सहस्रार है।

यह ओज अल्पाधिक मात्रा में हर मनुष्य में विद्यमान है। देह में जितनी

शक्तियाँ हैं, यह ओज उनका सर्वोच्च विकास है। हमें सदा याद रखना होगा कि एक ही शक्ति अन्य शक्ति में परिणत हो जाती है। संसार में जो शक्ति विद्युत् अथवा चुंबकीय शक्ति के रूप में व्यक्त हो रही है, वही क्रमश: आंतरिक शक्ति में परिणत होगी। आज जो शक्तियाँ पेशियों में कार्य कर रही हैं, वे ही कल ओज में परिणत हो जाएँगी। योगी कहते हैं कि मनुष्य में जो शक्ति काम-क्रिया, काम-चिंतन आदि रूपों में व्यक्त हो रही है, उसका दमन करने पर वह सहज ही ओज में परिणत हो जाती है और हमारे शरीर का सबसे नीचेवाला केंद्र ही इस शक्ति का नियामक होने के कारण योगी इसकी ओर विशेष ध्यान देते हैं। वे सारी काम-शक्ति को ओज में परिणत करने की चेष्टा करते हैं। कामजयी स्त्री-पुरुष ही इस ओज को मस्तिष्क में संचित कर सकते हैं। इसलिए ब्रह्मचर्य ही सदैव सर्वश्रेष्ठ धर्म माना गया है। मनुष्य अनुभव करता है कि यदि वह कामुक हो तो उसका सारा धर्म-भाव चला जाता है, चरित्र-बल और मानसिक तेज नष्ट हो जाता है। अत: देखोगे कि संसार में जिन संप्रदायों में बड़े-बड़े धर्मवीर पैदा हुए हैं, उन सभी ने ब्रह्मचर्य पर विशेष जोर दिया है। इसीलिए विवाह-त्यागी संन्यासी दल की उत्पत्ति हुई है। तन-मन-वचन से पूर्णरूपेण इस ब्रह्मचर्य का पालन करना नितांत आवश्यक है।

ब्रह्मचर्यवान् मनुष्य के मस्तिष्क में प्रबल शक्ति, महती इच्छा-शक्ति संचित रहती है। पवित्रता के बिना आध्यात्मिक शक्ति संभव नहीं। मानव समाज के सभी धर्माचार्य ब्रह्मचारी थे। उन्हें सारी शक्ति इस ब्रह्मचर्य से ही प्राप्त हुई थी। अत: योगी का ब्रह्मचारी होना अनिवार्य है।

ब्रह्मचर्यवान् मनुष्य के मस्तिष्क में प्रबल शक्ति, महती इच्छा-शक्ति संचित रहती है। पवित्रता के बिना आध्यात्मिक शक्ति संभव नहीं। मानव समाज के सभी धर्माचार्य ब्रह्मचारी थे। उन्हें सारी शक्ति इस ब्रह्मचर्य से ही प्राप्त हुई थी। अत: योगी का ब्रह्मचारी होना अनिवार्य है।

अच्छे संग का प्रभाव

हम लोगों में जो उत्तम संस्कार हैं, वे भले ही अभी अव्यक्त हों, पर सत्संग से वे फिर जाग्रत्-व्यक्त हो जाएँगे। संसार में सत्संग से पवित्र और कुछ भी नहीं है, क्योंकि सत्संग से ही शुभ संस्कार चित्त रूपी सरोवर की तली से ऊपरी सतह पर उठ आने के लिए उन्मुख होते हैं।

स्वाधीनता की सार्थकता

स्त्री-पुरुषों के भिन्न-भिन्न चरित्र तथा वर्ग सृष्टि की स्वाभाविक विविधता मात्र हैं, अतः एक ही आदर्श द्वारा सबकी जाँच करना या सबके सामने एक ही आदर्श रखना बिल्कुल भी उचित नहीं है। ऐसा करने से मात्र एक अस्वाभाविक संघर्ष उत्पन्न हो जाता है और फल यह होता है कि मनुष्य स्वयं से ही घृणा करने लगता है"

स्त्री-पुरुषों के भिन्न-भिन्न चरित्र तथा वर्ग सृष्टि की स्वाभाविक विविधता मात्र हैं, अतः एक ही आदर्श द्वारा सबकी जाँच करना या सबके सामने एक ही आदर्श रखना बिल्कुल भी उचित नहीं है। ऐसा करने से मात्र एक अस्वाभाविक संघर्ष उत्पन्न हो जाता है और फल यह होता है कि मनुष्य स्वयं से ही घृणा करने लगता है तथा उसके धार्मिक एवं भला बनने में बाधा आ जाती है। हमारा कर्तव्य है कि हम हर व्यक्ति को उसके अपने उच्चतम आदर्श को प्राप्त करने में प्रोत्साहित करें और उसके आदर्श को यथासंभव सत्य के निकट लाने की चेष्टा करें। भय द्वारा नैतिकता का विकास भला कैसे संभव है! ऐसा कभी नहीं हो सकता। भय से क्या प्रेम की उत्पत्ति हो सकती है? प्रेम की नींव है—स्वाधीनता। मुक्त स्वभाव होने पर ही प्रेम होता है। जब हम लोग वास्तव में जगत् को स्नेह करना प्रारंभ करते हैं, तभी विश्व-बंधुत्व का अर्थ समझते हैं, अन्यथा नहीं।

स्वाधीनता ही इसका मूलमंत्र है। स्वाधीनता ही इसका स्वरूप और जन्मसिद्ध अधिकार है। पहले मुक्त बनो, फिर चाहे जितने छोटे-छोटे

व्यक्तित्व रखना चाहो, रखो। तब हम लोग रंगमंच पर अभिनेताओं के समान अभिनय करेंगे। एक सच्चा राजा, जो भिखारी का अभिनय करता है, उसकी तुलना गलियों में भटकनेवाले वास्तविक भिखारी से करो। यद्यपि देखने में दोनों समान हैं, बातें भी एक जैसी हो सकती हैं; पर दोनों में कितना भेद है! एक व्यक्ति भिक्षुक का अभिनय करके आनंद ले रहा है और दूसरा सचमुच गरीबी से पीड़ित है। ऐसा भेद क्यों है? इसलिए कि एक मुक्त है और दूसरा बद्ध। राजा जानता है कि उसका भिखारीपन सत्य नहीं है, उसने इसे केवल अभिनय के लिए स्वीकार किया है। परंतु सच्चा भिखारी जानता है कि यह उसकी चिर-परिचित अवस्था है और उसकी इच्छा हो या न हो, उसे वह कष्ट सहना ही होगा। उसके लिए यह अभेद्य नियम के समान है और इसी कारण उसे कष्ट सहना पड़ता है। जब तक हम अपने स्वरूप का ज्ञान नहीं प्राप्त कर लेते, तब तक हम भिक्षुक मात्र हैं। प्रकृति की प्रत्येक वस्तु ने हमें दास बना रखा है। हम पूरे जगत् में सहायता के लिए गुहार लगाते फिरते हैं, अंत में काल्पनिक सत्ताओं से भी सहायता माँगते हैं। पर वह कभी नहीं मिलती; तथापि हम सोचते हैं कि अब सहायता मिलेगी। इस प्रकार, हम सर्वदा आशा लगाए बैठे रहते हैं। बस, इसी तरह एक जीवन रोते-कलपते तथा आशा की लौ लगाए बीत जाता है और फिर से वही खेल शुरू हो जाता है।

राजा जानता है कि उसका भिखारीपन सत्य नहीं है, उसने इसे केवल अभिनय के लिए स्वीकार किया है। परंतु सच्चा भिखारी जानता है कि यह उसकी चिर-परिचित अवस्था है और उसकी इच्छा हो या न हो, उसे वह कष्ट सहना ही होगा।

मुक्त होओ; किसी अन्य से कुछ आशा मत करो। मैं निश्चित रूप से कह सकता हूँ कि यदि तुम अपने जीवन की विगत घटनाएँ याद करो तो देखोगे कि तुम सदैव व्यर्थ ही दूसरों से सहायता पाने की चेष्टा करते रहे, पर कभी पा नहीं सके; जो कुछ सहायता मिली, वह तुम्हारे अपने अंदर से ही आई थी। जिस कार्य के लिए तुम स्वयं चेष्टा करते हो, उसी का फल पाते

हो; तथापि कितना आश्चर्य है कि तुम सदैव ही दूसरे से सहायता की याचना करते रहते हो! आवश्यकता है, पूर्ण सरलता, पवित्रता, विशाल बुद्धि और सर्वजयी इच्छा-शक्ति की।

विस्तार ही जीवन है

विस्तार ही जीवन का पहला और स्पष्ट लक्ष्य है। यदि जीवित रहना चाहते हो तो तुम्हें विस्तार करना ही होगा। यह विस्तार राष्ट्रीय जीवन के पुनर्जागरण का प्रमुख लक्षण है और मानव जाति की ज्ञान-समष्टि तथा समग्र विश्व की उन्नति में हमारा जो योगदान होना चाहिए, वह भी इस विस्तार के साथ भारत से बाहर अन्य देशों में जा रहा है। भारत का दान है धर्म, दार्शनिक ज्ञान और आध्यात्मिकता। लेन-देन ही संसार का नियम है और यदि भारत को फिर उठना हो तो यह परम आवश्यक है कि वह अपने रत्नों को बाहर लाकर पृथ्वी की जातियों में बिखेर दे और इसके बदले में वे जो कुछ दें, उसे सहर्ष ग्रहण करे। विस्तार ही जीवन और संकुचन ही मृत्यु है; प्रेम ही जीवन और द्वेष ही मृत्यु है। आज भारत की संतानों पर यह महान् नैतिक जिम्मेदारी है कि वे मानवीय अस्तित्व की समस्या के विषय में संसार के पथ-प्रदर्शन के लिए स्वयं को पूरी तौर से तैयार कर लें। आध्यात्मिकता पाश्चात्य देशों पर अवश्य विजय प्राप्त करेगी।

विस्तार ही जीवन का पहला और स्पष्ट लक्ष्य है। यदि जीवित रहना चाहते हो तो तुम्हें विस्तार करना ही होगा। यह विस्तार राष्ट्रीय जीवन के पुनर्जागरण का प्रमुख लक्षण है और मानव जाति की ज्ञान-समष्टि तथा समग्र विश्व की उन्नति में हमारा जो योगदान होना चाहिए, वह भी इस विस्तार के साथ भारत से बाहर अन्य देशों में जा रहा है।

सांप्रदायिकता का दोष

हाय! हम लोग प्रायः निरर्थक बातों को ही आध्यात्मिक सत्य समझ

बैठते हैं, विद्वत्ता से युक्त सुललित वाक्यों को ही गंभीर धर्मानुभूति समझ लेते हैं। इसी से सारी सांप्रदायिकता आती है, सारा विरोध-भाव उत्पन्न होता है। यदि हम इस बात को भलीभाँति समझ लें कि प्रत्यक्षानुभूति ही सच्चा धर्म है तो हम अपने ही हृदय को टटोलेंगे और यह समझने की चेष्टा करेंगे कि हम धर्मराज्य के सत्यों की उपलब्धि की दिशा में कितना अग्रसर हुए हैं और तब हम यह समझ पाएँगे कि हम स्वयं अंधकार में भटक रहे हैं तथा साथ ही दूसरों को भी उसी अंधकार में भटका रहे हैं। बस, इतना समझ लेने पर हमारी सांप्रदायिकता और लड़ाई मिट जाएगी।

सांप्रदायिकता, हठधर्मिता और उसकी वीभत्स वंशधर धर्मांधता इस सुंदर पृथ्वी पर काफी समय तक राज्य कर चुकी हैं। वे पृथ्वी को हिंसा से भरती रही हैं, उसको बारंबार मानवता के रक्त से नहलाती रही हैं, सभ्यताओं को ध्वस्त करती और पूरे देशों को निराशा के गर्त में डालती रही हैं। यदि वे वीभत्स आसुरी शक्तियाँ न होतीं तो मानव-समाज आज की अवस्था से कहीं अधिक उन्नत हुआ होता।

सांप्रदायिकता, हठधर्मिता और उसकी वीभत्स वंशधर धर्मांधता इस सुंदर पृथ्वी पर काफी समय तक राज्य कर चुकी हैं। वे पृथ्वी को हिंसा से भरती रही हैं, उसको बारंबार मानवता के रक्त से नहलाती रही हैं, सभ्यताओं को ध्वस्त करती और पूरे देशों को निराशा के गर्त में डालती रही हैं। यदि वे वीभत्स आसुरी शक्तियाँ न होतीं तो मानव-समाज आज की अवस्था से कहीं अधिक उन्नत हुआ होता।

भिन्न-भिन्न आध्यात्मिक शक्ति-समूहों के परिचालन हेतु संप्रदाय कायम रहे। पर जब हम देखते हैं कि हमारे प्राचीन शास्त्र इस बात की घोषणा कर रहे हैं कि ये भेदभाव सतही हैं, दिख भर रहे हैं और इन सारी विभिन्नताओं के बावजूद इन्हें एक साथ बाँधे रहनेवाला परम मनोहर स्वर्ण-सूत्र इनके भीतर पिरोया हुआ है, तब इसके लिए हमें एक-दूसरे के साथ लड़ने-झगड़ने की कोई जरूरत दिखाई नहीं देती। हमारे प्राचीन शास्त्रों ने घोषणा की है—एकं

सद्विप्राः बहुधा वदन्ति—'विश्व में विद्यमान एक ही सत्य वस्तु का ऋषियों ने भिन्न-भिन्न नामों से वर्णन किया है।' अतः ऐसे भारत में, जहाँ सदा से सभी संप्रदाय समान रूप से सम्मानित होते आए हैं, यदि अब भी संप्रदायों के बीच ईर्ष्या-द्वेष और लड़ाई-झगड़े बने रहें तो धिक्कार है हमें, जो हम अपने को उन महिमान्वित पूर्वजों के वंशधर बताने का दुस्साहस करते हैं!

□

प्रसुप्त ब्रह्म का जागरण

शिक्षा का अर्थ मनुष्य के अंदर उस देवत्व को अभिव्यक्त करना है, जो उसमें पहले से ही विद्यमान है। अत: बालकों को शिक्षा देते समय उन पर हमारा यथेष्ट विश्वास होना चाहिए। हमें यह विश्वास रखना होगा कि प्रत्येक बालक दिव्य शक्ति का भंडार है और हमारा प्रयास होगा कि उसमें प्रसुप्त ब्रह्म को जगा दें। बालकों को शिक्षा देते समय और भी एक बात याद रखने की यह है कि उन्हें मौखिक चिंतन करने को उत्साहित करना होगा। यह मौलिकता का अभाव ही भारत की वर्तमान अवनति का कारण है। यदि इसी प्रकार बच्चों को शिक्षा दी जाए तो वे लोग ठीक-ठीक मनुष्य बनेंगे और जीवन-संग्राम में स्वयं ही अपनी समस्याओं का समाधान करने में सक्षम होंगे। छोटे से बच्चे में भावी मनुष्य की सारी संभावनाएँ निहित हैं। सभी प्रकार के भावी जीवन की संभावनाएँ बीजाणु में विद्यमान हैं।

गुरु-गृह में निवास

मेरा विश्वास है कि गुरु-गृहवास, गुरु के साक्षात् संपर्क में रहने से ही सच्ची शिक्षा होती है। गुरु के व्यक्तिगत जीवन के अभाव में शिक्षा नहीं हो सकती। अपने विश्वविद्यालयों को लीजिए। अपने पचास वर्ष के अस्तित्व में उन्होंने क्या किया? एक भी मौलिक व्यक्ति पैदा नहीं किया। वे केवल परीक्षा लेने की संस्थाएँ हैं। सबके कल्याण के लिए बलिदान के भाव का हमारे देश में अभी विकास नहीं हुआ है। बचपन से ही किसी जाज्वल्यमान, उज्ज्वल चरित्र-युक्त, तपस्वी महापुरुष के सान्निध्य में रहना चाहिए, ताकि

उच्चतम ज्ञान का जीवंत आदर्श सदैव दृष्टि के समक्ष बना रहे। 'झूठ बोलना पाप है'—केवल पढ़ लेने भर से कोई लाभ नहीं। हर बालक से पूर्ण ब्रह्मचर्य का पालन कराना होगा, तभी तो हृदय में श्रद्धा-भक्ति का उदय होगा। नहीं तो जिसमें श्रद्धा-भक्ति नहीं, वह झूठ क्यों नहीं बोलेगा? हमारे देश में शिक्षादान का महान् कार्य सदैव त्यागी लोगों द्वारा ही होता रहा है। जब तक त्यागी लोगों ने अध्यापन किया था, तब तक भारत का कल्याण हुआ। इस देश में जब तक शिक्षादान का भार पुनः त्यागी लोगों को नहीं दिया जाता, तब तक भारत को दूसरे देशों के तलवे चाटने होंगे।

हमें बच्चों के लिए बस, इतना ही करना है कि वे अपने हाथ-पैर, आँख-कान, बुद्धि का समुचित उपयोग करना भर सीख लें और फिर सब आसान हो जाएगा; परंतु इस सबका मूल है धर्म। वही मुख्य है। धर्म तो भात के समान है, शेष सारी वस्तुएँ कढ़ी और चटनी जैसी हैं।

बच्चों के लिए उपयोगी एक पुस्तक तक तो इस देश में नहीं है! बस, यही पढ़ाते हो न—'ईश्वर निराकर चैतन्य स्वरूप है', 'मोहन अति सुबोध बालक है' आदि-आदि। लेकिन इससे काम नहीं चलेगा। हमें भारतीय भाषाओं और साथ-ही-साथ अंग्रेजी में भी कुछ ऐसी पुस्तकों का प्रकाशन करना होगा, जिनमें बहुत ही सरल व सीधी भाषा में भारतीय कथाओं का संग्रह हो और फिर ये पुस्तकें बालकों को पढ़ने के लिए दी जाएँ।

हमें बच्चों के लिए बस, इतना ही करना है कि वे अपने हाथ-पैर, आँख-कान, बुद्धि का समुचित उपयोग करना भर सीख लें और फिर सब आसान हो जाएगा; परंतु इस सबका मूल है धर्म। वही मुख्य है। धर्म तो भात के समान है, शेष सारी वस्तुएँ कढ़ी और चटनी जैसी हैं। केवल कढ़ी या चटनी खाने से अपथ्य हो जाता है और केवल भात खाने से भी। हमारे शिक्षा-शास्त्री हमारे बच्चों को केवल तोता बना रहे हैं और रटा-रटाकर उनके मस्तिष्क में कई विषय ठूँसते जा रहे हैं और इसी कारण गुरु-गृहवास आदि चाहिए। आज हमें जरूरत है वेदांत-युक्त पाश्चात्य विज्ञान की,

ब्रह्मचर्य के आदर्श की और श्रद्धा एवं आत्मविश्वास की। दूसरी चीज जिसकी आवश्यकता है, वह है उस शिक्षा-पद्धति का उन्मूलन, जो मार-मारकर गधों को घोड़ा बनाना चाहती है।

तुम लोग अपने उसी अति प्राचीन सनातन पथ से चलो, क्योंकि उस समय के शास्त्रों के हर एक शब्द में सबल, स्थिर और निष्कपट हृदय की छाप लगी हुई है; उसका हर एक स्वर अमोघ है। उस प्राचीन समय के भाव लाओ, जब राष्ट्रीय शरीर में तेज और जीवन था। तुम फिर तेजस्वी बनो, उसी प्राचीन झरने का पानी पिओ। भारत को पुनरुज्जीवित करने का एकमात्र उपाय अब यही है।

तुम लोग अपने उसी अति प्राचीन सनातन पथ से चलो, क्योंकि उस समय के शास्त्रों के हर एक शब्द में सबल, स्थिर और निष्कपट हृदय की छाप लगी हुई है; उसका हर एक स्वर अमोघ है। उस प्राचीन समय के भाव लाओ, जब राष्ट्रीय शरीर में तेज और जीवन था।

हर्बर्ट स्पेंसर ने शिक्षा की एक 'मठ-प्रथा' का उल्लेख किया है, जिसका यूरोप में प्रचार हुआ और कुछ स्थानों में वह सफल भी हुई। इस प्रथा के अनुसार, गाँववाले एक शिक्षक को रखते हैं, जिसका भार उसी गाँव के लोग उठाते हैं। हमारी ये प्राथमिक शालाएँ अति प्रारंभिक होती हैं, क्योंकि हमारी प्रणाली बहुत सरल है। हर छात्र एक छोटा सा आसन लाता है और लिखने के लिए ताड़ के पत्ते का उपयोग होता है। कागज महँगा पड़ता है, इसलिए पहले ताड़ के पत्ते पर लिखता है। प्रत्येक लड़का अपना आसन बिछाकर बैठ जाता है और दवात तथा किताबें निकालकर लिखना आरंभ कर देता है। थोड़ा अंकगणित, थोड़ा संस्कृत व्याकरण, थोड़ी भाषा और थोड़ा बही-खाता—प्राइमरी स्कूल में बस, इतना ही पढ़ाया जाता है।

आजकल भी देश में कई जगह प्रचलित और विशेषतः संन्यासियों से संबंधित भारत की प्राचीन पद्धति आधुनिक शिक्षा से बहुत भिन्न है। विद्यार्थियों को कोई शुल्क नहीं देना पड़ता था, क्योंकि सोचा ऐसा जाता

था कि ज्ञान बहुत पवित्र है और किसी मनुष्य को इसे बेचना नहीं चाहिए। शिक्षा-दान निःशुल्क तथा उदारतापूर्वक दिया जाना चाहिए। गुरुजन शिष्यों को निःशुल्क भरती करते थे और इतना ही नहीं, बल्कि उनमें से अधिकांश अपने शिष्यों को भोजन एवं वस्त्र भी देते थे! उन शिक्षकों की सहायता के लिए रईस लोग विवाह-संस्कार, श्राद्ध-संस्कार आदि कई शुभ अवसरों पर उनको दान-दक्षिणा देते थे। वे शिक्षक कुछ विशेष प्रकार की दान-दक्षिणा के सर्वप्रथम अधिकारी समझे जाते थे और वे उसके बदले में अपने छात्रों का पालन-पोषण करते थे।

ज्ञान ही ज्ञान को जगाता है

सारा ज्ञान हमारे भीतर ही निहित है, पर उसे एक दूसरे ज्ञान द्वारा जाग्रत् करना पड़ता है। यद्यपि जानने की शक्ति हमारे भीतर ही विद्यमान है, तथापि उसे जगाना पड़ता है और योगियों के मतानुसार इस ज्ञान का उन्मेष एक दूसरे ज्ञान के सहारे ही हो सकता है। अचेतन जड़ पदार्थ कभी ज्ञान का विकास नहीं करा सकता, केवल ज्ञान की शक्ति से ही ज्ञान का विकास होता है। हमारे अंदर जो ज्ञान है, उसको जगाने के लिए ज्ञानी पुरुषों का सदैव हमारे साथ रहना आवश्यक है। इसी कारण इन गुरुओं की आवश्यकता सदा ही बनी रही है। जगत् कभी भी इन आचार्यों से रहित नहीं हुआ है। मनुष्य का ज्ञान उसके अपने भीतर से उत्पन्न होता है। सारा ज्ञान मनुष्य के भीतर ही विद्यमान है, पर उस ज्ञान के विकास के लिए कुछ अनुकूल परिस्थितियों की जरूरत होती है। गुरु के बिना हम कोई ज्ञान प्राप्त नहीं कर सकते।

सारा ज्ञान हमारे भीतर ही निहित है, पर उसे एक दूसरे ज्ञान द्वारा जाग्रत् करना पड़ता है। यद्यपि जानने की शक्ति हमारे भीतर ही विद्यमान है, तथापि उसे जगाना पड़ता है और योगियों के मतानुसार इस ज्ञान का उन्मेष एक दूसरे ज्ञान के सहारे ही हो सकता है।

उपयुक्त बनो

विचारों की अद्‌भुत शक्ति को बहुत कम लोग समझ पाते हैं। यदि कोई व्यक्ति किसी गुफा में चला जाए और उसमें बंद होकर, निर्जन में निरंतर एकाग्रचित्त होकर किसी गहन व उदात्त विषय पर मनन करता रहे और उसी का आजन्म मनन करता हुआ अपने शरीर का भी त्याग कर दे तो उसके विचार की तरंगें गुफा की दीवारों को भेदकर चारों ओर के परिवेश में फैल जाती हैं और अंत में वे तरंगें सारी मनुष्य जाति में प्रवेश कर जाती हैं। विचारों की यही अद्‌भुत शक्ति है। अत: अपने विचारों का दूसरों में प्रचार करने के लिए जल्दी नहीं करनी चाहिए। पहले हमारे पास कुछ होना चाहिए, जिसे हम दूसरों को दे सकें। मनुष्य में ज्ञान का प्रसार केवल वही कर सकता है, जिसके पास देने को कुछ हो; क्योंकि शिक्षा देना केवल व्याख्यान देना नहीं है और न सिद्धांतों को प्रदान करना ही। इसका अर्थ है संप्रेषण। अत: सर्वप्रथम अपना चरित्र-गठन करो, यही सबसे प्रमुख कर्तव्य है। पहले स्वयं को सत्य का ज्ञान होना चाहिए और उसके बाद ही तुम उसे अनेक लोगों को सिखा सकते हो; बल्कि वे लोग स्वयं उसे सीखने आएँगे। श्रीरामकृष्ण बहुधा एक दृष्टांत देते थे, "जब कमल खिलता है तो मधुमक्खियाँ स्वयं ही उसके पास मधु लेने आ जाती हैं; वैसे ही जब तुम्हारा चरित्र रूपी कमल पूर्ण रूप से खिल जाएगा, तब सैकड़ों लोग तुम्हारे पास शिक्षा लेने आएँगे।" यही जीवन की एक महान् शिक्षा है। महत्त्व इसका नहीं कि क्या और किस भाषा में कहा जाता है, वरन् वक्ता का व्यक्तित्व ही कथन का प्राण है। यही उसमें शक्ति भर देता है। जो व्यक्ति अपने शब्दों में अपनी सत्ता, अपना व्यक्तित्व ढाल सकता है, उसी की बातों का फल होता है; पर

मनुष्य में ज्ञान का प्रसार केवल वही कर सकता है, जिसके पास देने को कुछ हो; क्योंकि शिक्षा देना केवल व्याख्यान देना नहीं है और न सिद्धांतों को प्रदान करना ही। इसका अर्थ है संप्रेषण। अत: सर्वप्रथम अपना चरित्र-गठन करो, यही सबसे प्रमुख कर्तव्य है।

इसके लिए उसका महाशक्ति-संपन्न होना आवश्यक है। शिक्षा का अर्थ ही है आदान-प्रदान। शिक्षक देते हैं और छात्र ग्रहण करते हैं; परंतु शिक्षक के पास कुछ देने को होना चाहिए और शिष्य में भी ग्रहणशीलता होनी आवश्यक है।

गुरु-शिष्य संबंध

सच्चे आचार्य वे ही हैं, जो अपने शिष्य की प्रवृत्ति के अनुसार अपनी सारी शक्ति का प्रयोग कर सकते हैं। सच्ची सहानुभूति के बिना हम कभी भी ठीक-ठीक शिक्षा नहीं दे सकते। गुरु के साथ हमारा संबंध ठीक वैसा ही है, जैसा पूर्वज के साथ वंशज का। जिन देशों में इस प्रकार के गुरु-शिष्य संबंध की उपेक्षा हुई है, वहाँ धर्मगुरु एक वक्ता मात्र रह गया है। वहाँ गुरु को मतलब रहता है अपनी 'दक्षिणा' से और शिष्य को मतलब रहता है गुरु के शब्दों से, जिन्हें वह अपने मस्तिष्क में ठूँस लेना चाहता है—और इसके बाद दोनों ही अपना-अपना रास्ता नापते हैं।

हर व्यक्ति को चाहिए कि वह अन्य लोगों को ईश्वर का रूप माने और उनके साथ उसी के अनुसार, अर्थात् ईश्वर के समान ही व्यवहार करे। वह उनसे किसी प्रकार से घृणा, निंदा या किसी प्रकार से उनका अनिष्ट करने की चेष्टा न करे। यह केवल संन्यासी का ही नहीं, अपितु सभी नर-नारियों का कर्तव्य है। दूसरे के अधिकार में हस्तक्षेप करने मत जाना। स्वयं को अपनी सीमा के भीतर रखो। इसी से सब ठीक हो जाएगा। उपदेशक का उतना ही कर्तव्य है कि वह मार्ग की बाधा-विघ्नों को हटा दे। असत् गुरु से शिक्षा-ग्रहण में कुछ बुरा सीख लेने की आशंका है।

हर व्यक्ति को चाहिए कि वह अन्य लोगों को ईश्वर का रूप माने और उनके साथ उसी के अनुसार, अर्थात् ईश्वर के समान ही व्यवहार करे। वह उनसे किसी प्रकार से घृणा, निंदा या किसी प्रकार से उनका अनिष्ट करने की चेष्टा न करे। यह केवल संन्यासी का ही नहीं, अपितु सभी नर-नारियों का कर्तव्य है।

जीवन गढ़ने का उपाय

किसी व्यक्ति की श्रद्धा को नष्ट करने की चेष्टा न करना। यदि संभव हो तो उसे कुछ और दे दो। यदि हो सके तो वह जिस स्थान पर है, उससे उसे थोड़ा ऊपर उठा दो। इतना ही करो; परंतु व्यक्ति के पास जो है, उसे नष्ट मत करो। वे ही सच्चे आचार्य हैं, जो सहज ही अपने छात्र की मनोभूमि में उतर सकते हैं और शिष्य की आत्मा के साथ अपनी आत्मा को एकरूप करके शिष्य की ही दृष्टि से देख सकते हैं, उसी के कानों से सुन सकते हैं और उसी के मस्तिष्क से समझ सकते हैं। ऐसे आचार्य ही सच्ची शिक्षा दे सकते हैं, दूसरे नहीं। जो लोग केवल दूसरों के भाव को नष्ट करने का प्रयास करते हैं, वे लोग कभी किसी भी प्रकार का उपकार नहीं कर सकते।

जन-साधारण के सामने सकारात्मक आदर्श रखना होगा। नकारात्मक भावना मनुष्य को दुर्बल बना डालती है। देखते नहीं, जो माता-पिता दिन-रात बच्चों के लिखने-पढ़ने पर जोर देते हैं, कहते हैं, 'इसका कुछ नहीं होगा, यह मूर्ख है, गधा है' आदि-आदि, उनके बच्चे प्रायः वैसे ही बन जाते हैं।

जन-साधारण के सामने सकारात्मक आदर्श रखना होगा। नकारात्मक भावना मनुष्य को दुर्बल बना डालती है। देखते नहीं, जो माता-पिता दिन-रात बच्चों के लिखने-पढ़ने पर जोर देते हैं, कहते हैं, 'इसका कुछ नहीं होगा, यह मूर्ख है, गधा है' आदि-आदि, उनके बच्चे प्रायः वैसे ही बन जाते हैं। बच्चों को अच्छा कहने से और प्रोत्साहन देने से समय आने पर वे स्वयं ही अच्छे बन जाते हैं। जो नियम बच्चों के लिए है, वही उन बड़ों के लिए भी है। यदि जीवन में सकारात्मक भाव दिए जा सकें तो साधारण व्यक्ति भी मनुष्य बन जाएगा और अपने पैरों पर खड़ा होना सीख सकेगा।

मनुष्य भाषा, साहित्य, दर्शन, कविता, शिल्प आदि अनेकानेक क्षेत्रों में जो प्रयत्न कर रहा है, उसमें वह अनेक गलतियाँ करता है। उचित यह होगा कि हम उसे गलतियाँ न बताकर प्रगति के मार्ग पर धीरे-धीरे अग्रसर होने

में सहायता दें। भूलें दिखाने से लोगों की भावना को ठेस पहुँचती है और वे हतोत्साहित हो जाते हैं। श्रीरामकृष्ण को हमने देखा है। हम जिन लोगों को त्याज्य मानते थे, उन्हें भी वे प्रोत्साहित करके उनके जीवन की गति को मोड़ देते थे। शिक्षा देने की उनकी प्रणाली बड़ी अद्‌भुत थी! मान लो, किसी में दोष है तो केवल गाली-गलौज से कुछ नहीं होगा; हमें उसकी जड़ में जाना होगा। पहले पता लगाओ कि दोष का कारण क्या है ? फिर उस कारण को दूर करो और वह दोष अपने आप ही चला जाएगा। केवल चिल्लाने से कोई लाभ नहीं होता, वरन् उससे हानि की अधिक संभावना रहती है।

स्वभाव के अनुसार शिक्षा

> *हर मनुष्य का स्वभाव जन्म से ही औरों से भिन्न होता है और वह तो उसके साथ बना ही रहेगा। अतः मनुष्य को अपनी प्रकृति का अनुसरण करना चाहिए। यदि मनुष्य को ऐसे गुरु मिल जाएँ, जो उसको उसी के भावों के अनुरूप मार्ग पर अग्रसर कराने में सहायक हों तो वह व्यक्ति उन्नति करने में समर्थ होगा।*

हर मनुष्य का स्वभाव जन्म से ही औरों से भिन्न होता है और वह तो उसके साथ बना ही रहेगा। अतः मनुष्य को अपनी प्रकृति का अनुसरण करना चाहिए। यदि मनुष्य को ऐसे गुरु मिल जाएँ, जो उसको उसी के भावों के अनुरूप मार्ग पर अग्रसर कराने में सहायक हों तो वह व्यक्ति उन्नति करने में समर्थ होगा। उसको उन्हीं भावों के विकास की चेष्टा करनी होगी। अतः शिष्यों की आवश्यकता के अनुसार उपदेशों में विविधता होना आवश्यक है। पिछले अनेक जन्मों के फलस्वरूप संस्कार गठित हुए हैं, अतः शिष्य की प्रवृत्ति के अनुसार उसे उपदेश दो। जो जहाँ पर है, उसे वहीं से ठेलकर आगे बढ़ाओ। किसी की स्वाभाविक प्रवृत्ति को पलट देने का नाम तक मत लो। उससे गुरु और शिष्य दोनों को क्षति पहुँचती है। जब तुम ज्ञान की शिक्षा देते हो तो तुम्हें ज्ञानी होना होगा

और शिष्य की जो अवस्था है, तुम्हें मन-ही-मन ठीक वहीं पहुँचना होगा।

तुम किसी का कल्याण कर सकते हो—इस धारणा को त्याग दो। जैसे पौधे के लिए जल, मिट्टी, वायु आदि पदार्थों को जुटा देने पर पौधा अपनी प्रकृति के नियमानुसार स्वयं ही आवश्यक पदार्थों को ग्रहण कर लेता है और विकसित होता जाता है, उसी प्रकार दूसरों की उन्नति के साधन एकत्रित करके उनका हित करो। जब कभी देखो कि दूसरों की बातों से तुम कुछ शिक्षा प्राप्त कर रहे हो तो समझ लो कि पूर्वजन्म में तुम्हें उस विषय की अनुभूति हुई थी; क्योंकि अनुभूति ही हमारा एकमात्र शिक्षक है।

कर्मवाद मानव-स्वाधीनता की एक चिर घोषणा है। यदि हम अपने कर्म से स्वयं को नीचे गिरा सकते हैं तो निश्चय ही हम कर्म द्वारा ही अपने को ऊँचा भी उठा सकते हैं। फिर जनता ने केवल अपने कर्म से ही अपने को नीचे नहीं गिराया है, इसलिए हमें उन्हें अपनी उन्नति के लिए अधिक सुविधाएँ देनी चाहिए।

जातिभेद

कर्मवाद मानव-स्वाधीनता की एक चिर घोषणा है। यदि हम अपने कर्म से स्वयं को नीचे गिरा सकते हैं तो निश्चय ही हम कर्म द्वारा ही अपने को ऊँचा भी उठा सकते हैं। फिर जनता ने केवल अपने कर्म से ही अपने को नीचे नहीं गिराया है, इसलिए हमें उन्हें अपनी उन्नति के लिए अधिक सुविधाएँ देनी चाहिए। मैं जातियों को मिटाने की बात बिल्कुल भी नहीं करता। जाति-प्रथा बड़ी अच्छी व्यवस्था है। जाति वह योजना है, जिसके अनुसार हम चलना चाहते हैं। जाति वस्तुतः क्या है, यह लाखों में कोई एक भी नहीं समझता। संसार में एक भी देश ऐसा नहीं है, जहाँ जाति-भेद न हो; पर भारत में हम जाति द्वारा ऐसी स्थिति में पहुँचते हैं, जहाँ जाति नहीं रह जाती। जाति-प्रथा सदा इसी सिद्धांत पर आधारित है। भारत में योजना है कि हर व्यक्ति को ब्राह्मण बनाया जाए। ब्राह्मण मानवता का आदर्श है। यदि आप भारत का

इतिहास पढ़ेंगे तो पाएँगे कि सदा निम्न वर्गों को ऊपर उठाने का प्रयत्न किया गया है। बहुत से वर्ग हैं, जो उठाए गए हैं, और भी अधिक उठाए जाएँगे। हमें उन्हें ऊपर ही उठाना है, किसी को नीचे नहीं गिराना है। जाति-व्यवस्था का नाश नहीं होना चाहिए; केवल उसे बीच-बीच में परिस्थितियों के अनुकूल बनाया जाना चाहिए। हमारी पुरानी व्यवस्था के भीतर इतनी जीवनी-शक्ति है कि उससे दो लाख नई व्यवस्थाओं का निर्माण किया जा सकता है।

रजोगुण की आवश्यकता

तुम्हारे देश के लोगों का खून मानो हृदय में जम गया है; नसों में मानो रक्त का संचार ही रुक गया है। सर्वांग मानो पक्षाघात के कारण शिथिल हो गया है। इसीलिए मैं रजोगुण बढ़ाकर कर्म-तत्परता द्वारा इस देश के लोगों को पहले इहलौकिक जीवन-संग्राम के लिए सक्षम बनाना चाहता हूँ। देश में शक्ति नहीं, हृदय में उत्साह नहीं, मस्तिष्क में प्रतिभा नहीं। क्या होगा इन जड़-पिंडों से ? मैं हिला-डुलाकर इनमें स्पंदन लाना चाहता हूँ, इसलिए मैंने आजन्म संकल्प लिया है कि वेदांत के अमोघ मंत्र के बल से इन्हें जगाऊँगा। उत्तिष्ठत जाग्रत्—इस अभय वाणी को सुनाने के लिए ही मेरा जन्म हुआ है। तुम लोग इस कार्य में मेरे सहायक बनो। गाँव-गाँव में, देश-देश में जाकर अछूत से लेकर ब्राह्मण तक, सभी को यह अभय वाणी सुनाओ। सभी को पकड़-पकड़कर कह दो, 'तुम लोग अमित बलवान् हो, अमृत के अधिकारी हो।' इसी प्रकार, पहले रजःशक्ति की उद्दीपना करके सबको जीवन-संग्राम के लिए सक्षम बनाओ, उसके बाद अगले जन्म में उन्हें मुक्ति प्राप्त करने की बात सुनाना। पहले भीतर की शक्ति को जगाओ, देश के लोगों को उनके पैरों पर खड़ा करो। पहले वे अच्छे भोजन-वस्त्र तथा उत्तम भोग आदि करना सीखें, उसके बाद उन्हें सब प्रकार के भोग-बंधनों से मुक्त होने का उपाय बता देना।

□

सहानुभूति-संपन्न बनो

सर्वदा जीवन-संग्राम में व्यस्त रहने के कारण निम्न श्रेणी के लोगों में अब तक ज्ञान का विकास नहीं हुआ। ये लोग अब तक मानव बुद्धि-परिचालित यंत्र की भाँति एक ही भाव से काम करते चले आए हैं और बुद्धिमान-चतुर लोग इनके श्रम तथा कार्य का सार निचोड़ते रहे हैं। सभी देशों में ऐसा ही हुआ है। परंतु अब वे दिन नहीं रहे। निम्न श्रेणी के लोग धीरे-धीरे यह समझ रहे हैं और सम्मिलित रूप से इसके विरुद्ध खड़े होकर अपने समुचित अधिकार प्राप्त करने हेतु दृढ़प्रतिज्ञ हो गए हैं। यूरोप और अमेरिका में निम्न जाति के लोगों ने जाग्रत् होकर इस दिशा में प्रयत्न भी प्रारंभ कर दिया है और अब भारत में भी इसके लक्षण दीख रहे हैं। आजकल निम्न श्रेणी के लोगों द्वारा जो इतनी हड़तालें हो रही हैं, वे उनकी इसी जागृति के लक्षण हैं। अब हजार चेष्टा करके भी उच्च जातियों के लोग निम्न श्रेणी के लोगों को दबाकर नहीं रख सकेंगे। अब निम्न श्रेणीवालों को न्यायसंगत अधिकार की प्राप्ति में सहायता करने में ही उच्च श्रेणीवालों का भला है।

इसीलिए मैं तुम लोगों को ऐसे कार्य में लग जाने को कहता हूँ, जिससे आम जनता में विद्या का विकास हो। जाकर उन्हें समझाकर कहो, "तुम हमारे भाई, शरीर के अंग हो। हम तुमसे प्रेम करते हैं, घृणा नहीं।" तुम लोगों की यह सहानुभूति पाने पर ये लोग सौ गुना उत्साह के साथ काम करने लगेंगे। आधुनिक विज्ञान की सहायता से उनमें ज्ञान का विकास कर दो। इतिहास, भूगोल, विज्ञान, साहित्य और साथ ही धर्म के गंभीर तत्त्व सिखा दो। इसमें

शिक्षकों की निर्धनता भी मिट जाएगी और इस प्रकार के आदान-प्रदान से दोनों आपस में मित्र जैसे बन जाएँगे।

ज्ञान पाकर भी कुम्हार कुम्हार ही रहेगा, मछुआरा मछुआरा ही बना रहेगा, किसान खेती ही करेगा। कोई अपना जातीय धंधा क्यों छोड़ेगा? 'सहजं कर्म कौन्तेय सदोषमति न त्यजेत्'—''हे अर्जुन! अपने सहज कर्म के दोषपूर्ण होने पर भी उसे त्यागना नहीं चाहिए।'' इस प्रकार की शिक्षा पाने पर वे लोग अपने-अपने व्यवसाय क्यों छोड़ेंगे? विद्या के बल से अपने सहज कर्म को वे और भी अच्छी तरह से करने की चेष्टा करेंगे। समय पर उनमें से दस-पाँच प्रतिभाशाली व्यक्ति अवश्य निकलेंगे। उन्हें तुम अपनी उच्च श्रेणी में सम्मिलित कर लोगे। तेजस्वी विश्वामित्र को ब्राह्मणों ने ब्राह्मण मान लिया था तो इससे क्षत्रिय जाति ब्राह्मणों के प्रति कितनी कृतज्ञ हुई थी! इसी प्रकार, सहानुभूति और सहायता प्राप्त करने पर मनुष्य तो दूर रहा, पशु-पक्षी भी अपने बन जाते हैं। इसीलिए कहता हूँ, उन निम्न जाति के लोगों को विद्यादान व ज्ञान देकर उन्हें नींद से जगाने के लिए सचेष्ट हो जाओ! जब वे लोग जागेंगे, और एक दिन वे अवश्य जागेंगे, तब वे भी तुम लोगों के किए उपकारों को नहीं भूलेंगे और तुम लोगों के प्रति कृतज्ञ रहेंगे। लाखों गरीबों के हृदय-रक्त द्वारा अर्जित धन से शिक्षित होकर भी जो लोग उनकी ओर ध्यान नहीं देते, उन्हें मैं 'विश्वासघाती' कहता हूँ।

ज्ञान पाकर भी कुम्हार कुम्हार ही रहेगा, मछुआरा मछुआरा ही बना रहेगा, किसान खेती ही करेगा। कोई अपना जातीय धंधा क्यों छोड़ेगा? 'सहजं कर्म कौन्तेय सदोषमति न त्यजेत्'—''हे अर्जुन! अपने सहज कर्म के दोषपूर्ण होने पर भी उसे त्यागना नहीं चाहिए।''

जब तक करोड़ों लोग भूखे और अशिक्षित रहेंगे, तब तक मैं हर उस आदमी को विश्वासघाती समझूँगा, जो उनके खर्च पर शिक्षित हुआ है, परंतु जो उन पर तनिक भी ध्यान नहीं देता! जिन लोगों ने गरीबों को कुचलकर धन

पैदा किया है और बड़े ठाट-बाट से अकड़कर चलते हैं, वे इन बीस करोड़ भूखे और असभ्य देशवासियों के लिए यदि कुछ नहीं करते तो घृणा के पात्र हैं।

बीस करोड़ नर-नारी, जो सदा गरीबी और अशिक्षा के दलदल में फँसे हैं, उनके लिए किसका हृदय रोता है? उनके उद्धार का क्या उपाय है? कौन उनके दु:ख में दु:खी है? वे अंधकार से प्रकाश में नहीं आ सकते। उन्हें शिक्षा नहीं प्राप्त होती, उन्हें कौन प्रकाश देगा? द्वार-द्वार पर जाकर उन्हें शिक्षा देने के लिए कौन घूमेगा? ये ही तुम्हारे ईश्वर हैं, ये ही तुम्हारे इष्ट बनें। निरंतर इन्हीं के लिए सोचो, इन्हीं के लिए काम करो, इन्हीं के लिए निरंतर प्रार्थना करो, प्रभु तुम्हें मार्ग दिखाएँगे। मैं तो उसी को 'महात्मा' कहता हूँ, जिसका हृदय गरीबों के लिए पिघलता है, अन्यथा वह दुरात्मा है। आओ, हम सभी अपनी इच्छा-शक्ति को एक साथ जोड़कर उनकी भलाई के लिए निरंतर प्रार्थना में लगाएँ।

मैं तुम लोगों को एक बार फिर याद दिला देना चाहता हूँ कि कोसने, निंदा करने या गालियों की बौछार करने से कोई भला उद्देश्य पूर्ण नहीं हो सकता। वर्षों तक निरंतर ऐसी कितनी चेष्टाएँ की गई हैं, पर कभी अच्छा परिणाम प्राप्त नहीं हुआ। केवल आपसी सद्भाव और प्रेम द्वारा ही अच्छे परिणाम की आशा की जा सकती है।

मैं तुम लोगों को एक बार फिर याद दिला देना चाहता हूँ कि कोसने, निंदा करने या गालियों की बौछार करने से कोई भला उद्देश्य पूर्ण नहीं हो सकता। वर्षों तक निरंतर ऐसी कितनी चेष्टाएँ की गई हैं, पर कभी अच्छा परिणाम प्राप्त नहीं हुआ। केवल आपसी सद्भाव और प्रेम द्वारा ही अच्छे परिणाम की आशा की जा सकती है।

इस देश में न तो गुणों का सम्मान है, न आर्थिक बल है और सर्वाधिक खेद की बात तो यह है कि व्यावहारिकता हममें लेश मात्र भी नहीं है। इस देश में उद्देश्य तो अनेक हैं, किंतु साधन नहीं; मस्तिष्क तो है, परंतु हाथ नहीं। हम लोगों के पास वेदांत मत है, मगर उसे कार्य रूप में परिणत करने

की क्षमता नहीं है। हमारे ग्रंथों में सार्वभौम साम्यवाद का सिद्धांत है, लेकिन कार्यों में चरम भेदवृत्ति है। महा निस्स्वार्थ निष्काम कर्म भारत में ही प्रचारित हुआ, परंतु व्यवहार में हम अत्यंत निर्मम और अत्यंत हृदयहीन हुआ करते हैं और मांस-पिंड की अपनी इस काया को छोड़ अन्य किसी विषय में हम सोचते ही नहीं।

फिर भी हमें वर्तमान अवस्था में ही आगे बढ़ते रहना है, दूसरा कोई उपाय नहीं। भले-बुरे के निर्णय की शक्ति सब में है; पर वीर तो वही है, जो भ्रम-प्रमाद, दुःखपूर्ण संसार-तरंगों के आघात से अविचलित रहकर एक हाथ से आँसू पोंछता है और दूसरे अकंपित हाथ से उद्धार का मार्ग दिखाता है! एक ओर प्राचीनपंथी पिंड जैसा समाज है और दूसरी ओर चपल, अधीर, आग उगलनेवाले सुधारक-वृंद हैं। इन दोनों के बीच का मध्यम मार्ग ही हितकर है। मैंने जापान में सुना कि वहाँ की बालिकाओं का विश्वास है कि यदि उनकी गुड़ियों को हृदय से प्रेम करें तो वे जीवित हो उठेंगी। जापानी बालिकाएँ अपनी गुड़ियाँ को कभी नहीं तोड़तीं। हे महाभाग! मेरा भी विश्वास है कि हतश्री, अभागे, निर्बुद्धि, पददलित, चिर-बुभुक्षित, झगड़ालू और ईर्ष्यालु भारतवासियों को भी यदि कोई हृदय से प्यार करने लगे तो भारत पुनः जाग्रत् हो जाएगा। भारत तभी जागेगा, जब विशाल हृदयवाले सैकड़ों स्त्री-पुरुष भोग-विलास तथा सुख की सभी इच्छाओं को विसर्जित करके मन-वचन और शरीर से उन करोड़ों भारतीयों के कल्याण हेतु सचेष्ट होंगे, जो निर्धनता

मैंने जापान में सुना कि वहाँ की बालिकाओं का विश्वास है कि यदि उनकी गुड़ियों को हृदय से प्रेम करें तो वे जीवित हो उठेंगी। जापानी बालिकाएँ अपनी गुड़ियाँ को कभी नहीं तोड़तीं। हे महाभाग! मेरा भी विश्वास है कि हतश्री, अभागे, निर्बुद्धि, पददलित, चिर-बुभुक्षित, झगड़ालू और ईर्ष्यालु भारतवासियों को भी यदि कोई हृदय से प्यार करने लगे तो भारत पुनः जाग्रत् हो जाएगा।

व अज्ञान के अगाध सागर में निरंतर नीचे डूबते जा रहे हैं। मैंने अपने जैसे क्षुद्र जीवन में अनुभव कर लिया है कि उत्तम लक्ष्य, निष्कपटता और अनंत प्रेम से विश्व-विजय की जा सकती है। ऐसे गुणों से संपन्न एक भी व्यक्ति करोड़ों पाखंडी एवं निर्दयी मनुष्यों की दुर्बुद्धि को नष्ट कर सकता है।

दुर्बल को अधिक सहायता मिले

भारत के सभी अनर्थों की जड़ है—गरीबों की दुर्दशा। पाश्चात्य देशों के गरीब तो निरे दानव हैं। उनकी तुलना में हमारे यहाँ के गरीब देवता हैं। इसीलिए हमारे गरीबों की उन्नति करना सहज है। हमारी जनता बहुत अच्छी है, क्योंकि यहाँ निर्धनता अपराध नहीं है। हमारी जनता हिंसक नहीं है। अमेरिका और इंग्लैंड में मैं कई बार केवल अपनी अलग वेशभूषा के कारण ही लोगों द्वारा आक्रांत हुआ हूँ; पर भारत में मैंने ऐसी बात कभी नहीं सुनी कि भीड़ किसी व्यक्ति की वेशभूषा के कारण उसके पीछे पड़ गई हो। अन्य सभी बातों में हमारी जनता यूरोप की जनता की अपेक्षा कहीं अधिक सभ्य है। उन्हें हमें लोकोपयोगी शिक्षा देनी होगी। हमें अपने पूर्वजों द्वारा निश्चित की हुई योजना के अनुसार चलना होगा, अर्थात् सब आदर्शों को धीरे-धीरे जनता में पहुँचाना होगा। उन्हें धीरे-धीरे ऊपर उठाइए, अपने बराबर उठाइए। उन्हें लौकिक ज्ञान भी धर्म द्वारा दीजिए।

भारत के सभी अनर्थों की जड़ है—गरीबों की दुर्दशा। पाश्चात्य देशों के गरीब तो निरे दानव हैं। उनकी तुलना में हमारे यहाँ के गरीब देवता हैं। इसीलिए हमारे गरीबों की उन्नति करना सहज है। हमारी जनता बहुत अच्छी है, क्योंकि यहाँ निर्धनता अपराध नहीं है। हमारी जनता हिंसक नहीं है।

मनुष्य भगवान् है, नारायण है; आत्मा में स्त्री-पुरुष-नपुंसक तथा ब्राह्मण-क्षत्रिय आदि का भेद नहीं है; ब्रह्म से लेकर घास के तिनके तक—सबकुछ नारायण है। कीट अल्प अभिव्यक्त तथा ब्रह्म अधिक अभिव्यक्त हैं। जिन कार्यों से जीव को धीरे-धीरे अपने ब्रह्मभाव की अभिव्यक्ति में सहायता

मिलती है, वे ही अच्छे हैं और जिनके द्वारा उसमें बाधा पहुँचती है, वे बुरे हैं। अपने में ब्रह्म को अभिव्यक्त करने का यही एकमात्र उपाय है। इसी विषय में दूसरे की सहायता करना।

सबके स्वभाव में भेद होने पर भी सबको समान सुविधा मिलनी चाहिए। इसके बावजूद यदि किसी को अधिक तथा किसी को कम सुविधा देनी हो तो बलवान् की अपेक्षा दुर्बल को अधिक सुविधा प्रदान करनी चाहिए, अर्थात् अछूत के लिए शिक्षा की जितनी जरूरत है, उतनी ब्राह्मण के लिए नहीं। यदि किसी ब्राह्मण के पुत्र के लिए एक शिक्षक आवश्यक हो तो अछूत के लड़के के लिए दस शिक्षक चाहिए। कारण यह है कि जिस बुद्धि की स्वाभाविक प्रखरता प्रकृति द्वारा नहीं हुई है, उसे अधिक सहायता देनी होगी। चिकने-चुपड़े पर तेल लगाना तो पागलों का काम है।

सबके स्वभाव में भेद होने पर भी सबको समान सुविधा मिलनी चाहिए। इसके बावजूद यदि किसी को अधिक तथा किसी को कम सुविधा देनी हो तो बलवान् की अपेक्षा दुर्बल को अधिक सुविधा प्रदान करनी चाहिए, अर्थात् अछूत के लिए शिक्षा की जितनी जरूरत है, उतनी ब्राह्मण के लिए नहीं।

जो लोग गरीबों को रोटी का एक टुकड़ा नहीं दे सकते, वे फिर मुक्ति क्या दे सकते हैं? जो दूसरे के श्वास-प्रश्वासों से अपवित्र बन जाते हैं, वे फिर दूसरों को क्या पवित्र बना सकते हैं? जिनका रक्त शोषण करके हमारे 'भद्र लोगों' ने अपने खिताब प्राप्त किए हैं और कर रहे हैं, उन बेचारों के लिए एक भी संस्था नजर न आई! मुसलमान कितने सिपाही लाए थे? यहाँ अंग्रेज कितने हैं? चाँदी के छह सिक्कों के लिए अपने बाप और भाई के गले पर चाकू फेरनेवाले लाखों आदमी सिवा भारत के और कहाँ मिल सकते हैं! सात सौ वर्षों के मुसलिम शासन में 6 करोड़ मुसलमान और सौ वर्षों के ईसाई राज्य में 20 लाख ईसाई क्यों बने? मौलिकता ने देश को क्यों बिल्कुल त्याग दिया है? क्योंकि हमारे सुदक्ष शिल्पी यूरोपवालों के साथ बराबरी करने में

असमर्थ होकर दिनोदिन लुप्त होते जा रहे हैं। परंतु वह कौन सी शक्ति थी, जिससे जर्मन कारीगरों ने अंग्रेज कारीगरों के सैकड़ों वर्षों से जमे हुए आसन को हिला दिया? केवल शिक्षा! शिक्षा! शिक्षा!

शिक्षा-प्रसार ही उन्नति का मूल

वर्तमान सभ्यता, जैसी कि पश्चिमी देशों की है और प्राचीन सभ्यता, जैसी कि भारत, मिस्र तथा रोम आदि देशों की रही है, इनके बीच अंतर उसी दिन से शुरू हुआ, जब से शिक्षा-सभ्यता आदि उच्च जातियों से धीरे-धीरे निचली जातियों में फैलने लगी। मैं प्रत्यक्ष देखता हूँ कि जिस देश की जनता में विद्या का जितना ही अधिक प्रचार है, वह देश उतना ही उन्नत है। भारत के सर्वनाश का मुख्य कारण यही है कि देश की सारी विद्या और बुद्धि को रोज शासन तथा दंभ के बल पर मुट्ठी भर लोगों के एकाधिकार में रखा गया। यदि हमें फिर से उन्नति करनी है तो हमें उसी मार्ग पर चलना होगा, अर्थात् जनता में विद्या का प्रसार करना होगा।

वर्तमान सभ्यता, जैसी कि पश्चिमी देशों की है और प्राचीन सभ्यता, जैसी कि भारत, मिस्र तथा रोम आदि देशों की रही है, इनके बीच अंतर उसी दिन से शुरू हुआ, जब से शिक्षा-सभ्यता आदि उच्च जातियों से धीरे-धीरे निचली जातियों में फैलने लगी। मैं प्रत्यक्ष देखता हूँ कि जिस देश की जनता में विद्या का जितना ही अधिक प्रचार है, वह देश उतना ही उन्नत है।

सारा दोष यहाँ है—वास्तविक राष्ट्र, जो कि झोंपड़ियों में बसता है, अपना मनुष्यत्व भूल चुका है, अपना व्यक्तित्व खो चुका है। हिंदू, मुसलमान, ईसाई, हरेक के पैरों तले कुचले गए ये लोग यह समझने लगे हैं कि जिस किसी के पास भी पर्याप्त धन हो, उसी के पैरों तले कुचले जाने के लिए उनका जन्म हुआ है। उन्हें उनका खोया हुआ व्यक्तित्व लौटाना होगा, उन्हें शिक्षित करना होगा। हमें केवल उनके मस्तिष्क में विचारों को भर देना है,

बाकी सबकुछ वे लोग अपने आप कर लेंगे। इसका अर्थ यह हुआ कि आम जनता में शिक्षा का प्रसार करना होगा।

धर्म-प्रचार

व्यक्ति के समान ही इस संसार में प्रत्येक राष्ट्र को अपना मार्ग चुन लेना पड़ता है। हमने युगों पूर्व अपना पथ निर्धारित कर लिया था और हमें उसी पर डटे रहना चाहिए, उसी के अनुसार चलना चाहिए। अतः भारत में किसी प्रकार का सुधार या उन्नति की चेष्टा करने के पहले धर्म-प्रचार जरूरी है। जनता को शुद्धाचरण, पुरुषार्थ और परहित में श्रद्धापूर्वक लगे रहने की शिक्षा दो। यह निश्चय ही धर्म है। अपने जटिल दार्शनिक विचारों को कुछ समय के लिए किनारे रख दो।

व्यक्ति के समान ही इस संसार में प्रत्येक राष्ट्र को अपना मार्ग चुन लेना पड़ता है। हमने युगों पूर्व अपना पथ निर्धारित कर लिया था और हमें उसी पर डटे रहना चाहिए, उसी के अनुसार चलना चाहिए। अतः भारत में किसी प्रकार का सुधार या उन्नति की चेष्टा करने के पहले धर्म-प्रचार जरूरी है।

सर्वप्रथम हमारे उपनिषदों, पुराणों और अन्य सब शास्त्रों में जो अपूर्व सत्य छिपे हुए हैं, उन्हें इन सब ग्रंथों के पृष्ठों से बाहर निकालकर, मठों की चारदीवारियाँ भेदकर, वनों की शून्यता से दूर लाकर, कुछ संप्रदाय विशेषों के हाथों से छीनकर देश में सर्वत्र बिखेर देना होगा, ताकि ये सत्य दावानल के समान सारे देश को चारों ओर से आच्छन्न कर लें—उत्तर से दक्षिण और पूर्व से पश्चिम तक वे सब जगह फैल जाएँ, हिमालय से कन्याकुमारी और सिंधु से ब्रह्मपुत्र तक सर्वत्र धधक उठें। सबसे पहले हमें यही करना होगा, सभी को इन शास्त्रों में निहित उपदेश सुनाने होंगे। धर्म-प्रचार करने के बाद उसके साथ-ही-साथ लौकिक विद्या और अन्य आवश्यक विद्याएँ अपने आप ही आ जाएँगी; पर यदि तुम बिना धर्म के लौकिक विद्या ग्रहण करना चाहो तो मैं तुमसे साफ कहे देता हूँ कि भारत में तुम्हारा ऐसा प्रयास व्यर्थ सिद्ध होगा। वह लोगों के हृदयों में

स्थान प्राप्त न कर सकेगा। द्वैत, विशिष्टाद्वैत, शैव सिद्धांत, अद्वैत, वैष्णव, शाक्त, यहाँ तक कि बौद्ध और जैन आदि जितने संप्रदाय भारत में पैदा हुए हैं, सब इस विषय पर एकमत हैं कि इस जीवात्मा में अव्यक्त भाव से अनंत शक्ति निहित है; चींटी से लेकर ऊँचे-से-ऊँचे सिद्ध पुरुष तक सभी में वह आत्मा विराजमान है, भेद केवल उसकी अभिव्यक्ति की मात्रा में है। उचित अवसर तथा स्थान-काल मिलते ही वह शक्ति प्रकट हो जाती है; परंतु चाहे प्रकट हो या न हो, वह शक्ति ब्रह्म से लेकर तिनके तक प्रत्येक जीव में विद्यमान है। सर्वत्र जा-जाकर इस शक्ति को जगाना होगा।

शिक्षा-दान हमारा पहला कार्य होना चाहिए—नैतिक व बौद्धिक दोनों ही प्रकार की शिक्षा, ताकि इसके फलस्वरूप लोग आत्मनिर्भर तथा मितव्ययी बन सकें। बात कहने में तो बड़ी सरल है, पर इसे कार्य रूप में कैसे परिणत किया जाए? हमारे देश में हजारों निस्स्वार्थ दयालु और त्यागी पुरुष हैं। उनमें से कम-से-कम आधों को उसी तरीके से, जिसमें वे बिना पारिश्रमिक लिये घूम-घूमकर धर्म-शिक्षा देते हैं, अपनी आवश्यकता के अनुरूप शिक्षा देने के लिए प्रशिक्षित किया जा सकता है। इसके लिए पहले प्रत्येक प्रांत की राजधानी में एक-एक केंद्र होना चाहिए, जहाँ से धीरे-धीरे भारत के सब स्थानों में फैलाना होगा।

शिक्षा-दान हमारा पहला कार्य होना चाहिए—नैतिक व बौद्धिक दोनों ही प्रकार की शिक्षा, ताकि इसके फलस्वरूप लोग आत्मनिर्भर तथा मितव्ययी बन सकें। बात कहने में तो बड़ी सरल है, पर इसे कार्य रूप में कैसे परिणत किया जाए? हमारे देश में हजारों निस्स्वार्थ दयालु और त्यागी पुरुष हैं।

संस्कृत शिक्षा की उपयोगिता

साथ ही संस्कृत की भी शिक्षा अवश्य होती रहे, क्योंकि संस्कृत शब्दों की ध्वनि मात्र से ही जाति को एक तरह का गौरव, शक्ति और बल प्राप्त

हो जाता है। महान् रामानुज, चैतन्य और कबीर ने देश की नीची जातियों को उठाने का जो प्रयत्न किया था, उसमें इन महान् धर्माचार्यों को अपने ही जीवन-काल में अद्‍भुत सफलता मिली थी; किंतु उनके बाद उस कार्य का जो शोचनीय परिणाम हुआ, उसका कारण यह है कि उन्होंने नीची जातियों को उठाया था। वे सब चाहते थे कि ये उन्नति के सर्वोच्च शिखर पर आरूढ़ हो जाएँ, परंतु उन्होंने जनता में संस्कृत का प्रचार करने में अपनी शक्ति नहीं लगाई। यहाँ तक कि गौतम बुद्ध ने भी यह भूल की कि उन्होंने जनता में संस्कृत शिक्षा का अध्ययन बंद करवा दिया। वे तुरंत फल पाने के इच्छुक थे, इसलिए उन्होंने संस्कृत से उस समय की भाषा 'पालि' में अनुवाद करके उन विचारों का प्रचार किया। यह काम बहुत ही सुंदर हुआ था। जनता ने उनका अभिप्राय समझा, क्योंकि वे जनता की बोलचाल की भाषा में उपदेश देते थे। यह बहुत ही अच्छा हुआ था। इससे उनके भाव बहुत शीघ्र फैले और बहुत दूर-दूर तक पहुँचे; किंतु इसके साथ-साथ संस्कृत का भी प्रचार होना चाहिए था। ज्ञान का विस्तार हुआ अवश्य, पर उसके साथ-साथ 'गौरव-बोध' और 'संस्कार' नहीं बने। तुम संसार के सामने प्रभूत (बहुत अधिक, प्रचुर, उन्नत) ज्ञान रख सकते हो, पर इससे उसका विशेष उपकार न होगा। संस्कार को रक्त में व्याप्त हो जाना चाहिए।

> ***महान् रामानुज, चैतन्य और कबीर ने देश की नीची जातियों को उठाने का जो प्रयत्न किया था, उसमें इन महान् धर्माचार्यों को अपने ही जीवन-काल में अद्‍भुत सफलता मिली थी; किंतु उनके बाद उस कार्य का जो शोचनीय परिणाम हुआ, उसका कारण यह है कि उन्होंने नीची जातियों को उठाया था।***

प्रचलित भाषा में शिक्षा

जनता को उसकी बोलचाल की भाषा में शिक्षा दो, उसको भाव दो, वह बहुत कुछ जान जाएगी; परंतु साथ ही कुछ और भी जरूरी है। उसे संस्कृति

का बोध दो। जब तक तुम यह नहीं कर सकते, तब तक उनकी उन्नत दशा कदापि स्थायी नहीं हो सकती। हे पिछड़ी जाति के लोगो! मैं तुम्हें बतलाता हूँ कि तुम्हारे बचाव का, तुम्हारी अपनी दशा को उन्नत करने का एकमात्र उपाय है—संस्कृत भाषा पढ़ना। संस्कृत में पांडित्य होने से ही भारत में सम्मान मिलता है। संस्कृत भाषा का ज्ञान होने से ही कोई भी तुम्हारे विरुद्ध कुछ कहने का साहस नहीं करेगा।

मौखिक शिक्षा

एक बात और है। गरीबों की शिक्षा प्राय: मौखिक रूप से ही होनी चाहिए। स्कूल आदि का अभी समय नहीं आया है। धीरे-धीरे उन मुख्य केंद्रों में खेती, उद्योग आदि भी सिखाए जाएँगे और उद्योग आदि की उन्नति के लिए शिल्प गृह भी खोले जाएँगे। फिर यदि हम प्रत्येक गाँव में नि:शुल्क पाठशाला खोलने में समर्थ हों तो भी गरीब लड़के उन पाठशालाओं में आने की अपेक्षा अपने जीविकोपार्जन हेतु हल चलाने जाएँगे। न तो हमारे पास धन है और न हम उनको शिक्षा के लिए बुला ही सकते हैं। मैंने एक रास्ता ढूँढ़ निकाला है और वह यह है—यदि पहाड़ मुहम्मद के पास नहीं आता तो मुहम्मद को पहाड़ के पास जाना होगा। यदि गरीब शिक्षा के निकट नहीं आ सकते तो शिक्षा को ही उनके हल के पास, कारखाने में और हर जगह पहुँचाना होगा। यदि गरीब के लड़के विद्यालयों में न आ सकें तो उनके घर पर जाकर उन्हें शिक्षा देनी होगी। गरीब लोग इतने बेहाल हैं कि स्कूलों व पाठशाला में नहीं आ सकते और कविता आदि पढ़ने से उन्हें कोई लाभ नहीं होगा।

एक बात और है। गरीबों की शिक्षा प्राय: मौखिक रूप से ही होनी चाहिए। स्कूल आदि का अभी समय नहीं आया है। धीरे-धीरे उन मुख्य केंद्रों में खेती, उद्योग आदि भी सिखाए जाएँगे और उद्योग आदि की उन्नति के लिए शिल्प गृह भी खोले जाएँगे।

सोचो, गाँव-गाँव में कितने ही संन्यासी घूमते-फिरते हैं, वे क्या करते हैं? यदि कोई निस्स्वार्थ परोपकारी संन्यासी गाँव-गाँव में विद्यादान करता फिरे

और भाँति-भाँति के उपायों से मानचित्र, कैमरा, भू-गोलक आदि के सहारे अछूत तक सबकी उन्नति के लिए घूमता फिरे तो क्या इससे समय आने पर मंगल नहीं होगा? अब मान लो कि ग्रामीण अपना दिन भर का काम करके अपने गाँव लौट आए हैं और किसी पेड़ के नीचे या कहीं भी बैठकर हुक्का पीते और गप्पें लड़ाते हुए समय बिता रहे हैं। मान लो, दो शिक्षित संन्यासी वहाँ उन्हें स्लाइड से ग्रह-नक्षत्रों या विभिन्न देशों या ऐतिहासिक दृश्यों के चित्र दिखाने लगें तो इस प्रकार ग्लोब, नक्शे आदि द्वारा जबानी ही कितना काम हो सकता है! वे गरीब पुस्तकों से जीवन भर में जितनी जानकारी न पा सकेंगे, उससे सौ गुना अधिक जानकारी वे उन्हें बातचीत के माध्यम से विभिन्न देशों के बारे में कहानियाँ सुनाकर दे सकते हैं।

शहरों में, जहाँ गरीब-से-गरीब लोग रहते हैं, वहाँ मिट्टी का एक घर और एक हॉल बनाओ। कुछ मैजिक लैंटर्न, मानचित्र, ग्लोब और रासायनिक पदार्थों को एकत्रित करो। हर शाम को वहाँ गरीबों को, यहाँ तक कि अछूतों को भी एकत्रित करो। पहले उन्हें धर्म के उपदेश दो, फिर मैजिक लैंटर्न और दूसरी वस्तुओं के सहारे बोलचाल की भाषा में ज्योतिष, भूगोल आदि सिखाओ।

शहरों में, जहाँ गरीब-से-गरीब लोग रहते हैं, वहाँ मिट्टी का एक घर और एक हॉल बनाओ। कुछ मैजिक लैंटर्न, मानचित्र, ग्लोब और रासायनिक पदार्थों को एकत्रित करो। हर शाम को वहाँ गरीबों को, यहाँ तक कि अछूतों को भी एकत्रित करो। पहले उन्हें धर्म के उपदेश दो, फिर मैजिक लैंटर्न और दूसरी वस्तुओं के सहारे बोलचाल की भाषा में ज्योतिष, भूगोल आदि सिखाओ। तेजस्वी युवकों का दल गठन करो और अपनी उत्साहाग्नि उनमें प्रज्वलित करो। केवल आँख ही ज्ञान का एकमात्र द्वार नहीं है, कान से भी यह काम हो सकता है। इस प्रकार, नए-नए विचारों से, नीति से उनका परिचय होगा और वे उन्नत जीवन की आशा करने लगेंगे। यहाँ हमारा काम खत्म हो जाता है, बाकी उन्हीं पर छोड़ देना होगा।

यदि वंशानुक्रम के आधार पर शूद्रों की अपेक्षा ब्राह्मण आसानी से विद्याभ्यास कर सकते हैं तो उनकी शिक्षा पर धन व्यय करना छोड़कर शुद्र लोगों को शिक्षित बनाने पर वह सारा धन व्यय करो। दुर्बलों की सहायता पहले करो, क्योंकि उनको हर प्रकार की सहायता की आवश्यकता है। यदि ब्राह्मण जन्म से ही बुद्धिमान होते हैं तो वे किसी की सहायता बिना ही शिक्षा प्राप्त कर सकते हैं। यदि बाकी लोग जन्म से ही बुद्धिमान नहीं हैं तो उनके लिए उचित शिक्षा तथा शिक्षक की व्यवस्था करो।

सामाजिक अत्याचार का उन्मूलन

सबसे बड़ी बात तो यह है कि हमें गरीबों पर अत्याचार एकदम बंद कर देना चाहिए। हम किस हास्यास्पद दशा में पहुँच गए हैं! यदि कोई भंगी हमारे पास भंगी के रूप में आता है तो हम छूतही बीमारी की तरह उसके स्पर्श से दूर भागते हैं, परंतु जब कोई पादरी उसके सिर पर एक कटोरा पानी डालकर प्रार्थना के रूप में कुछ गुनगुना देता है और जब उसे पहनने को एक कोट मिल जाता है, चाहे वह कितना भी फटा-पुराना क्यों न हो, तब यदि वह किसी कट्टर-से-कट्टर हिंदू के कमरे में पहुँच जाए तो उसके लिए कोई रोक-टोक नहीं है! ऐसा कोई नहीं, जो उससे सप्रेम हाथ मिलाकर बैठने के लिए उसे कुरसी न दे! इससे अधिक विडंबना की बात और क्या हो सकती है? समाज की यह अवस्था दूर करनी होगी; पर धर्म का नाश करके नहीं, वरन् हिंदू धर्म के महान् उपदेशों पर चलकर और उसके साथ हिंदू धर्म के स्वाभाविक विकास बौद्ध धर्म की अपूर्व सहृदयता को जोड़कर।

सबसे बड़ी बात तो यह है कि हमें गरीबों पर अत्याचार एकदम बंद कर देना चाहिए। हम किस हास्यास्पद दशा में पहुँच गए हैं! यदि कोई भंगी हमारे पास भंगी के रूप में आता है तो हम छूतही बीमारी की तरह उसके स्पर्श से दूर भागते हैं, परंतु जब कोई पादरी उसके सिर पर एक कटोरा पानी डालकर प्रार्थना के रूप में कुछ गुनगुना देता है...

लाखों स्त्री-पुरुष पवित्रता के अग्निमंत्र से दीक्षित होकर, ईश्वर के प्रति अटल विश्वास से शक्तिमान बनकर और गरीबों, पतितों तथा पददलितों के प्रति सहानुभूति से सिंह के समान साहसी बनकर, इस संपूर्ण भारत देश के एक छोर से दूसरे छोर तक सर्वत्र उद्धार के संदेश, सेवा के संदेश, सामाजिक उत्थान के संदेश और समानता के संदेश का प्रचार करते हुए विचरण करेंगे। भारत के इन दीन-हीन लोगों को, इन पददलित जनों को उनका अपना वास्तविक स्वरूप समझा देना परम आवश्यक है। जाति-पाँत का भेद छोड़कर, कमजोर और मजबूत का विचार छोड़कर हर स्त्री-पुरुष को, प्रत्येक बालक-बालिका को यह संदेश सुनाओ और सिखाओ कि ऊँच-नीच, अमीर-गरीब और बड़े-छोटे सभी में उसी एक अनंत आत्मा का निवास है, जो सर्वव्यापी है; इसलिए सभी लोग महान् तथा सभी साधु हो सकते हैं। आओ, हम सबके समक्ष घोषित करें—'उत्तिष्ठत् जाग्रत् प्राप्य वरान्निबोधत',—''उठो, जागो और जब तक अपने अंतिम लक्ष्य तक नहीं पहुँच जाते, तब तक चैन न लो।'' उठो, जागो, निर्बलता के इस व्यामोह से जागो। वस्तुतः कोई भी दुर्बल नहीं है। आत्मा अनंत, सर्वशक्ति-संपन्न और सर्वज्ञ है। इसलिए उठो और अपने वास्तविक स्वरूप को प्रकट करो! तुम्हारे अंदर जो भगवान् हैं, उनकी सत्ता को उच्च स्वर में घोषित करो, उन्हें अस्वीकार मत करो।

□

आत्मविश्वास बढ़ाओ

इस शक्ति को प्राप्त करने का पहला उपाय है—उपनिषदों पर विश्वास करना और इस बात पर विश्वास करना कि 'मैं आत्मा हूँ। मुझे न तो तलवार काट सकती है, न बरछी छेद सकती है, न आग जला सकती है और न हवा सुखा सकती है। मैं सर्वशक्तिमान हूँ, सर्वज्ञ हूँ।' सर्वदा इन आशाप्रद और परित्राणकारी वाक्यों का उच्चारण करो। मत कहो, 'हम दुर्बल हैं।' हम सबकुछ कर सकते हैं। हम क्या नहीं कर सकते! हमसे सबकुछ हो सकता है। हम सबके भीतर एक ही महिमामय आत्मा है। हमें इस पर विश्वास करना होगा। नचिकेता के समान श्रद्धाशील बनो। नचिकेता के भीतर श्रद्धा का प्रवेश हुआ था। मेरी इच्छा है कि तुम लोगों के भीतर इसी श्रद्धा का आविर्भाव हो, तुममें से हर व्यक्ति खड़ा होकर संकेत मात्र से संसार को हिला देनेवाला प्रतिभा-संपन्न महापुरुष हो, हर तरह से अनंत ईश्वर-तुल्य हो। मैं तुम लोगों को ऐसा ही देखना चाहता हूँ। उपनिषदों से तुमको ऐसी ही शक्ति प्राप्त होगी और वहीं से तुमको ऐसा विश्वास प्राप्त होगा।

तुम कोई भी कार्य क्यों न करो, तुम्हारे लिए वेदांत की आवश्यकता है। वेदांत के इन सब महान् तत्त्वों का प्रचार आवश्यक है। ये केवल जंगल में या फिर गुहाओं में आबद्ध नहीं रहेंगे; न्यायालयों में, प्रार्थना-गृहों में, गरीबों के कुटीरों में, मछुआरों के घरों में, छात्रों के अध्ययन-कक्षों में—सर्वत्र ही इन तत्त्वों की चर्चा होगी और ये काम में लाए जाएँगे। हर व्यक्ति, हर बालक-बालिका चाहे जो भी कार्य करे, चाहे जिस अवस्था में हो, उनकी पुकार

सबके लिए है। भय का अब कोई कारण नहीं है। उपनिषदों के सिद्धांतों को मछुआरे आदि साधारण जन किस प्रकार काम में लाएँगे, इसका उपाय शास्त्रों में बताया गया है। मार्ग अनंत है, धर्म अनंत हैं, कोई इसकी सीमा के बाहर नहीं जा सकता। मछुआरा यदि स्वयं को आत्मा के रूप में सोचे तो वह एक उत्तम मछुआरा होगा। विद्यार्थी यदि अपने को आत्मा समझे तो वह एक श्रेष्ठ विद्यार्थी होगा। वकील यदि अपने को आत्मा समझे तो वह एक अच्छा वकील होगा। औरों के विषय में भी ऐसा ही समझो।

सामाजिक जीवन में एक विशेष काम मैं कर सकता हूँ तो दूसरा काम तुम कर सकते हो। तुम एक देश का शासन चला सकते हो तो मैं एक पुराने जूते की मरम्मत कर सकता हूँ; परंतु इसी कारण तुम मुझसे बड़े नहीं हो सकते। क्या तुम मेरे जूते की मरम्मत कर सकते हो? मैं क्या देश का शासन चला सकता हूँ? यह कार्य-विभाग स्वाभाविक है। मैं जूते की सिलाई करने में चतुर हूँ, तुम वेद-पाठ में निपुण हो; परंतु यह कोई कारण नहीं कि इस विशेषता के कारण तुम मेरे सिर पर पाँव रखो! तुम यदि हत्या भी करो तो प्रशंसा हो और मुझे एक सेब चुराने पर ही फाँसी पर लटकना पड़े! इसे बंद करना होगा। जाति-विभाग अच्छा है। जीवन-समस्या के समाधान के लिए यही एकमात्र स्वाभाविक उपाय है। मनुष्य अलग-अलग वर्गों में विभक्त होंगे, यह अनिवार्य है। तुम जहाँ भी जाओ, जाति-विभाग से छुटकारा न मिलेगा; पर इसका यह अर्थ नहीं कि उसके साथ इस प्रकार का विशेषाधिकार भी रहे। उन्हें जड़ से उखाड़ फेंकना होगा। यदि तुम मछुआरे को वेदांत सिखाओगे तो वह कहेगा—हम

सामाजिक जीवन में एक विशेष काम मैं कर सकता हूँ तो दूसरा काम तुम कर सकते हो। तुम एक देश का शासन चला सकते हो तो मैं एक पुराने जूते की मरम्मत कर सकता हूँ; परंतु इसी कारण तुम मुझसे बड़े नहीं हो सकते। क्या तुम मेरे जूते की मरम्मत कर सकते हो? मैं क्या देश का शासन चला सकता हूँ? यह कार्य-विभाग स्वाभाविक है।

और तुम दोनों बराबर हैं। तुम दार्शनिक हो, मैं मछुआरा; पर इससे क्या? तुम्हारे भीतर जो ईश्वर है, वही मुझमें भी है। हम यही चाहते हैं कि किसी को कोई विशेष अधिकार प्राप्त न हो और हर व्यक्ति को उन्नति के लिए समान सुविधाएँ प्राप्त हों।

ज्ञान पर केवल कुछ शिक्षित लोगों का ही एकाधिकार नहीं रहना चाहिए। वह ऊपर से नीचे तक, सभी वर्गों में फैलाई जाएगी। शिक्षा आएगी और इसके बाद सबके लिए अनिवार्य शिक्षा आएगी। हमारी आम जनता में कार्य कर सकने की जो महान् क्षमता है, उसका उपयोग किया जाएगा, भारत की अपार संभावनाओं को प्रस्फुटित किया जाएगा।

ज्ञान पर केवल कुछ शिक्षित लोगों का ही एकाधिकार नहीं रहना चाहिए। वह ऊपर से नीचे तक, सभी वर्गों में फैलाई जाएगी। शिक्षा आएगी और इसके बाद सबके लिए अनिवार्य शिक्षा आएगी। हमारी आम जनता में कार्य कर सकने की जो महान् क्षमता है, उसका उपयोग किया जाएगा, भारत की अपार संभावनाओं को प्रस्फुटित किया जाएगा।

भौतिकता, यहाँ तक कि विलासिता की भी जरूरत है, क्योंकि उससे गरीबों को काम मिलता है। रोटी! रोटी! मुझे इस बात का विश्वास नहीं कि जो भगवान् यहाँ रोटी नहीं दे सकता, वह स्वर्ग में मुझे अनंत सुख देगा! खान-पान, चाल-चलन, भाव-भाषा—सब में तेजस्विता लानी होगी, सब ओर प्राण-संचार करना होगा। नस-नस में रक्तप्रवाह तेज करना होगा, ताकि सब विषयों में प्राणों का स्पंदन हो; तभी घोर जीवन-संग्राम में देश के लोग बच सकेंगे, नहीं तो शीघ्र ही इस देश तथा जाति को मृत्यु की छाया ढक लेगी।

शक्ति-संचार जरूरी

तुम्हें इस बात का प्रयत्न करना चाहिए कि तुम्हारे जीवन में उच्च आदर्श तथा उत्कृष्ट व्यावहारिकता का सुंदर सामंजस्य हो। जीवन का अर्थ ही विस्तार,

यानी प्रेम है। इसलिए प्रेम ही जीवन है। यही जीवन का एकमात्र नियम है और स्वार्थपरता ही मृत्यु है। इस समय चाहिए—'गीता' में जो भगवान् ने कहा है—प्रबल कर्मयोग—हृदय में अमित साहस, अपरिमित शक्ति। तभी तो देश में सब लोग जाग उठेंगे। नहीं तो जिस अंधकार में तुम हो, उसी में वे भी रहेंगे। मेरा विश्वास युवा पीढ़ी में, नई पीढ़ी में है। मेरे कार्यकर्ता उन्हीं में से आएँगे। वे सिंहों की भाँति सभी समस्याओं के हल निकालेंगे।

हृदयवत्ता

बड़े काम करने के लिए तीन चीजों की आवश्यकता होती है—पहला है हृदय की अनुभव-शक्ति। बुद्धि या विचार-शक्ति में क्या है? वह कुछ दूर जाती है और बस, वहीं रुक जाती है; पर हृदय तो प्रेरणा-स्रोत है। प्रेम असंभव द्वारों को भी उद्‌घाटित कर देता है। यह प्रेम ही जगत् के सब रहस्यों का द्वार है।

बड़े काम करने के लिए तीन चीजों की आवश्यकता होती है—पहला है हृदय की अनुभव-शक्ति। बुद्धि या विचार-शक्ति में क्या है? वह कुछ दूर जाती है और बस, वहीं रुक जाती है; पर हृदय तो प्रेरणा-स्रोत है। प्रेम असंभव द्वारों को भी उद्‌घाटित कर देता है। यह प्रेम ही जगत् के सब रहस्यों का द्वार है। अतएव, हे मेरे भावी सुधारको! मेरे देशभक्तो, तुम अनुभव करो। क्या तुम अनुभव करते हो? क्या तुम हृदय से अनुभव करते हो कि देवों और ऋषियों की करोड़ों संतानें आज पशु-तुल्य हो गई हैं? क्या तुम हृदय से अनुभव करते हो कि लाखों आदमी आज भूखों मर रहे हैं और लाखों लोग शताब्दियों से इसी भाँति भूखों मरते आए हैं? क्या तुम अनुभव करते हो कि अज्ञान के काले बादलों ने सारे भारत को ढक लिया है? क्या तुम यह सब सोचकर बेचैन हो जाते हो? क्या इस भावना ने तुमको निद्राहीन कर दिया है? क्या यह भावना तुम्हारे रक्त के साथ मिलकर तुम्हारी धमनियों में बहती है? क्या वह तुम्हारे हृदय के स्पंदन से मिल गई है, क्या

उसने तुम्हें पागल-सा बना दिया है ? क्या देश की दुर्दशा की चिंता ही तुम्हारे ध्यान का एकमात्र विषय बन बैठी है और क्या तुम इस चिंता में विभोर हो जाने से तुम अपने नाम-यश, पुत्र-कलत्र, धन-संपत्ति, यहाँ तक कि अपने शरीर की भी सुध बिसार चुके हो ? क्या तुमने ऐसा किया है ? यदि 'हाँ', तो जानो कि तुमने देशभक्त होने की पहली सीढ़ी पर पैर रखा है।

व्यवहार-कुशलता

माना कि तुम अनुभव करते हो; पर पूछता हूँ, क्या केवल व्यर्थ की बातों में शक्ति-क्षय न करके इस दुर्दशा का निवारण करने के लिए तुमने कोई यथार्थ कर्तव्य-पथ निश्चित किया है ? तुमने लोगों की निंदा छोड़कर उनकी सहायता का कोई उपाय सोचा है ? क्या स्वदेशवासियों को उनकी इस जीवन्मृत अवस्था से बाहर निकालने के लिए कोई मार्ग ठीक किया है ? क्या उनके दुःखों को कम करने के लिए दो सांत्वनादायक शब्दों को खोजा है ? पुराने विचार भले ही अंधविश्वासों पर निर्भर हों, पर इन अंधविश्वासों में भी स्वर्णमय सत्य के कण विद्यमान हैं। सब अनावश्यक बातों को छोड़कर केवल उस स्वर्णरूपी सत्य को पाने के लिए तुमने कोई उपाय सोचा है ? और यदि तुमने वैसा कर लिया है तो जान लो कि तुमने दूसरी सीढ़ी पर पैर रखा है।

> ***माना कि तुम अनुभव करते हो; पर पूछता हूँ, क्या केवल व्यर्थ की बातों में शक्ति-क्षय न करके इस दुर्दशा का निवारण करने के लिए तुमने कोई यथार्थ कर्तव्य-पथ निश्चित किया है ? तुमने लोगों की निंदा छोड़कर उनकी सहायता का कोई उपाय सोचा है ?***

अटल अध्यवसाय

और भी एक चीज की आवश्यकता है—अटल अध्यवसाय की। तुम्हारा असल अभिप्राय क्या है ? क्या तुम्हें इस बात का पूरा विश्वास है कि तुम्हें संपत्ति का लोभ नहीं है, कीर्ति की लालसा नहीं है और अधिकार की आकांक्षा नहीं है ? क्या तुम पर्वताकार विघ्न-बाधाओं को लाँघकर कार्य करने के लिए

तैयार हो ? यदि सारी दुनिया हाथ में नंगी तलवार लेकर तुम्हारे विरोध में खड़ी हो जाए तो भी क्या तुम जिसे सत्य समझते हो, उसे पूरा करने का साहस करोगे ? यदि तुम्हारे पुत्र-कलत्र तुम्हारे प्रतिकूल हो जाएँ, भाग्य-लक्ष्मी तुमसे रूठकर चली जाए, यश-कीर्ति भी तुम्हारा साथ छोड़ दे, तो भी क्या तुम उस सत्य में लगे रहोगे ? फिर भी क्या तुम उसके पीछे लगे रहकर सतत अपने लक्ष्य की ओर बढ़ते रहोगे ? जैसा कि महान् राजा भर्तृहरि ने कहा है, ''चाहे नीति-निपुण लोग निंदा करें या प्रशंसा, लक्ष्मी आए या जहाँ उसकी इच्छा हो, चली जाए, मृत्यु आज हो या सौ वर्ष बाद, धीर पुरुष तो वह है, जो न्याय के पथ से तनिक भी विचलित नहीं होता।'' क्या तुममें ऐसी दृढ़ता है ?

यदि तुममें ये तीनों गुण हैं तो वास्तव में तुम एक सच्चे सुधारक, पथ-प्रदर्शक, गुरु और मनुष्य जाति के लिए वरदान-स्वरूप हो। परंतु मनुष्य कैसा उतावला तथा अदूरदर्शी है ! उसमें प्रतीक्षा करने का धैर्य नहीं है, न उसमें देख सकने की शक्ति है। वह तत्काल ही फल को देखना चाहता है। वास्तव में दूसरों पर सत्ता जमाना ही उसका अभिप्राय है। इसका कारण क्या है ? कारण यह है कि वह कार्य का फल स्वयं ही लेना चाहता है और यथार्थ में दूसरों की परवाह नहीं करता। केवल कर्म के लिए ही कर्म करना वह नहीं चाहता। भगवान् श्रीकृष्ण ने कहा है, 'तुम्हें केवल कर्म करने का ही अधिकार है, कर्मफल पर तुम्हारा कोई अधिकार नहीं—'कर्मण्येवाधिकारस्ते मा फलेषु कदाचन।' कर्मफल में हम क्यों आसक्त हों ? केवल कर्म करना ही हमारा कर्तव्य है। कर्मफल के संबंध में हम तनिक भी चिंता क्यों करें ? परंतु मनुष्य

यदि तुममें ये तीनों गुण हैं तो वास्तव में तुम एक सच्चे सुधारक, पथ-प्रदर्शक, गुरु और मनुष्य जाति के लिए वरदान-स्वरूप हो। परंतु मनुष्य कैसा उतावला तथा अदूरदर्शी है! उसमें प्रतीक्षा करने का धैर्य नहीं है, न उसमें देख सकने की शक्ति है। वह तत्काल ही फल को देखना चाहता है। वास्तव में दूसरों पर सत्ता जमाना ही उसका अभिप्राय है।

को धैर्य नहीं रहता। वह विचारपूर्वक न सोचकर मनमाना कोई भी काम करने लगता है। संसार के अधिकांश सुधारक इसी श्रेणी में गिने जा सकते हैं।

नर में नारायण-सेवा

शक्ति क्या कोई दूसरा देता है? वह तुम्हारे भीतर ही मौजूद है। समय आने पर स्वयं ही प्रकट होगी। काम में लग जाओ; फिर देखोगे, इतनी शक्ति आएगी कि तुम उसे सँभाल नहीं सकोगे। दूसरों के लिए रत्ती भर काम करने से भीतर की शक्ति जाग उठती है। दूसरों के लिए रत्ती भर सोचने से धीरे-धीरे हृदय में सिंह-सा बल आ जाता है। तुम लोगों से मैं इतना स्नेह करता हूँ, परंतु यदि तुम लोग दूसरों के लिए परिश्रम करते-करते मर भी जाओ, तो भी यह देखकर मुझे प्रसन्नता ही होगी। भारत माता कम-से-कम हजार युवकों का बलिदान चाहती है—मस्तिष्क वाले युवकों का, पशुओं का नहीं। भारत ऐसे कितने निस्स्वार्थी और सच्चे युवक देने के लिए तैयार है, जो गरीबों के साथ सहानुभूति रखने के लिए, भूखों को अन्न देने के लिए और सर्वसाधारण में नव-जागृति का प्रचार करने के लिए प्राणों की बाजी लगाकर प्रयत्न करने को तैयार हैं और साथ ही उन लोगों को, जिन्हें तुम्हारे पूर्वजों के अत्याचारों ने पशु-तुल्य बना दिया है, मानवता का पाठ पढ़ाने के लिए अग्रसर होंगे?

शक्ति क्या कोई दूसरा देता है? वह तुम्हारे भीतर ही मौजूद है। समय आने पर स्वयं ही प्रकट होगी। काम में लग जाओ; फिर देखोगे, इतनी शक्ति आएगी कि तुम उसे सँभाल नहीं सकोगे। दूसरों के लिए रत्ती भर काम करने से भीतर की शक्ति जाग उठती है। दूसरों के लिए रत्ती भर सोचने से धीरे-धीरे हृदय में सिंह-सा बल आ जाता है।

तुमने पढ़ा है—मातृदेवो भव, पितृदेवो भव—अपनी माता को ईश्वर समझो, अपने पिता को ईश्वर समझो; पर मैं कहता हूँ—दरिद्रदेवो भव, मूर्खदेवो भव—गरीब, निरक्षर, मूर्ख और दुःखी, इन्हें अपना ईश्वर मानो।

इनकी सेवा करना ही परम धर्म समझो। ईश्वर को कहाँ ढूँढ़ने चले हो? ये गरीब, दुःखी, दुर्बल क्या ईश्वर नहीं हैं? इन्हीं की पूजा पहले क्यों नहीं करते? गंगा-तट पर कुआँ खोदने क्यों जाते हो? प्रेम की असाध्य साधिनी शक्ति पर विश्वास करो।

यदि ईश्वरोपासना करने हेतु प्रतिमा जरूरी है तो उससे कहीं श्रेष्ठ मानव प्रतिमा मौजूद ही है। यदि ईश्वरोपासना के लिए मंदिर बनाना चाहते हो तो बना लो, किंतु सोच लो कि उससे भी उच्चतर, उससे भी महान् मानव-देह रूपी मंदिर तो पहले से ही मौजूद है। तुम लोग वेदी बनाते हो, परंतु मेरे लिए तो जीवित चेतन मनुष्य देह रूपी वेदी वर्तमान है और इस मनुष्य देह रूपी वेदी पर की गई पूजा दूसरी अचेतन, मृत, जड़ प्रतीक की पूजा की अपेक्षा श्रेष्ठ है।

यदि ईश्वरोपासना करने हेतु प्रतिमा जरूरी है तो उससे कहीं श्रेष्ठ मानव प्रतिमा मौजूद ही है। यदि ईश्वरोपासना के लिए मंदिर बनाना चाहते हो तो बना लो, किंतु सोच लो कि उससे भी उच्चतर, उससे भी महान् मानव-देह रूपी मंदिर तो पहले से ही मौजूद है।

आशा तुम लोगों से है, जो विनीत, निरभिमानी और विश्वास-परायण हैं। ईश्वर के प्रति आस्था रखो। किसी चालबाजी की जरूरत नहीं। उससे कुछ नहीं होता। दुःखियों का दर्द समझो और ईश्वर से सहायता की प्रार्थना करो, वह अवश्य मिलेगी। आओ, इसी क्षण बोलो, उस पार्थसारथि (श्रीकृष्ण) के मंदिर में, जो गोकुल के दीन-हीन ग्वालों के सखा थे, जो गुहक चांडाल को भी गले लगाने में नहीं हिचके, जिन्होंने अपने बुद्धावतार में अमीरों का निमंत्रण ठुकराकर एक वारांगना के भोजन का निमंत्रण स्वीकार किया और उसे उबारा। जाओ उनके पास, जाकर साष्टांग प्रणाम करो और उनके सम्मुख एक महाबलि दो, अपने समस्त जीवन की बलि दो, उन दीन-हीनों और उत्पीड़ितों के लिए, जिनके लिए भगवान् युग-युगों में अवतार लिया करते हैं और जिन्हें वे सबसे अधिक प्यार करते हैं और तब प्रतिज्ञा करो कि अपना सारा जीवन इन 30 करोड़ लोगों के उद्धार-कार्य में

लगा दोगे, जो दिनोदिन अवनति के गर्त में गिरते जा रहे हैं। जो उनकी सेवा के लिए नहीं, उनकी नहीं, वरन् उनके पुत्र—दीन-दरिद्रों, पापियों-तापियों, कीट-पतंगों तक की सेवा के लिए तैयार रहेंगे। उन्हीं में उनका आविर्भाव होगा। उनके मुख पर सरस्वती बैठेंगी। उनके हृदय में महामाया महाशक्ति आकर विराजित होंगी।

आगामी पचास वर्ष के लिए यह जननी जन्मभूमि भारत माता ही मानो आराध्य देवी बन जाए! तब तक के लिए हमारे मस्तिष्क के व्यर्थ के देवी-देवताओं के हट जाने में कुछ भी हानि नहीं है। अपना सारा ध्यान इसी एक ईश्वर पर लगाओ। हमारा देश ही हमारा जाग्रत् देवता है। सर्वत्र उसके हाथ हैं, सर्वत्र उसके पैर हैं और सर्वत्र उसके कान हैं। समझ लो कि दूसरे देवी-देवता सो रहे हैं। जिन व्यर्थ के देवी-देवताओं को हम देख नहीं पाते, उनके पीछे तो हम बेकार दौड़ें और जिस विराट् देवता को हम अपने चारों ओर देख रहे हैं, उनकी पूजा ही न करें! जब हम इस प्रत्यक्ष देवता की पूजा कर लेंगे, तभी हम दूसरे देवी-देवताओं की पूजा करने योग्य होंगे, अन्यथा नहीं। आधा मील चलने की हममें शक्ति ही नहीं और हम हनुमानजी की भाँति एक ही छलाँग में समुद्र को पार करने की इच्छा करें, ऐसा नहीं हो सकता। जिसे देखो, वही योगी बनने की धुन में है; जिसे देखो, वही समाधि लगाने जा रहा है। ऐसा नहीं होने का। दिन भर तो दुनिया के सैकड़ों प्रपंचों में लिप्त रहोगे, कर्मकांड में व्यस्त रहोगे और शाम को आँखें मूँदकर, नाक दबाकर साँस चढ़ाओ-उतारोगे! क्या योग

आगामी पचास वर्ष के लिए यह जननी जन्मभूमि भारत माता ही मानो आराध्य देवी बन जाए! तब तक के लिए हमारे मस्तिष्क के व्यर्थ के देवी-देवताओं के हट जाने में कुछ भी हानि नहीं है। अपना सारा ध्यान इसी एक ईश्वर पर लगाओ। हमारा देश ही हमारा जाग्रत् देवता है। सर्वत्र उसके हाथ हैं, सर्वत्र उसके पैर हैं और सर्वत्र उसके कान हैं। समझ लो कि दूसरे देवी-देवता सो रहे हैं।

की सिद्धि और समाधि को इतना सहज समझ रखा है कि तुम्हारे तीन बार नाक फड़फड़ाने और साँस चढ़ाने से ऋषि लोग हवा में मिलकर तुम्हारे पेट में घुस जाएँगे? क्या इसे तुमने कोई हँसी-मजाक मान लिया है? ये सब वाहियात विचार हैं। जिसे ग्रहण करने या अपनाने की आवश्यकता है, वह है चित्त-शुद्धि। और उसकी प्राप्ति कैसे हो सकती है? इसका उत्तर यह है कि सबसे पहले उस विराट् की पूजा करो, जिसे तुम अपने चारों ओर देख रहे हो। 'वर्शिप' ही इस संस्कृत शब्द का ठीक समानार्थक है, अंग्रेजी के किसी अन्य शब्द से काम नहीं चलेगा। ये मनुष्य और पशु, जिन्हें हम आसपास और आगे-पीछे देख रहे हैं, ये मनुष्य और ईश्वर हैं। इनमें सबसे पहले पूज्य हैं हमारे देशवासी। परस्पर ईर्ष्या-द्वेष करने और झगड़ने के बजाय हमें उनकी पूजा करनी चाहिए।

तो आओ भाइयो! साहसपूर्वक इसका सामना करो। कार्य गुरुतर है और हम लोग साधनहीन हैं, तो भी हम अमृत-पुत्र और ईश्वर की संतानें हैं। प्रभु की जय हो! हम अवश्य सफल होंगे! इस संग्राम में सैकड़ों खेत रहेंगे, पर सैकड़ों पुनः उनकी जगह खड़े हो जाएँगे। संभव है कि मैं यहाँ विफल होकर मर जाऊँ, पर कोई और यह काम जारी रखेगा। तुम लोगों ने रोग जान लिया और दवा भी, अब बस, विश्वास रखो। विश्वास, विश्वास, सहानुभूति; अग्निमय विश्वास, अग्निमय सहानुभूति। जय हो प्रभु की! जीवन तुच्छ है, मरण भी तुच्छ है! भूख तुच्छ है, ठंड तुच्छ है! जय हो प्रभु की! आगे कूच करो—प्रभु ही हमारे सेनानायक हैं। पीछे मत देखो। कौन गिरा, पीछे मत देखो; आगे बढ़ो, बढ़ते चलो! भाइयो, इसी तरह

तो आओ भाइयो! साहसपूर्वक इसका सामना करो। कार्य गुरुतर है और हम लोग साधनहीन हैं, तो भी हम अमृत-पुत्र और ईश्वर की संतानें हैं। प्रभु की जय हो! हम अवश्य सफल होंगे! इस संग्राम में सैकड़ों खेत रहेंगे, पर सैकड़ों पुनः उनकी जगह खड़े हो जाएँगे। संभव है कि मैं यहाँ विफल होकर मर जाऊँ, पर कोई और यह काम जारी रखेगा।

हम आगे बढ़ते जाएँगे—एक गिरेगा तो दूसरा वहाँ डट जाएगा।

सुदीर्घ रजनी अब समाप्त होती हुई जान पड़ती है। महादुःख का प्रायः अंत ही प्रतीत होता है। महानिद्रा में निमग्न शव मानो जाग्रत् हो रहा है। इतिहास की बात तो दूर रही, जिस सुदूर अतीत के घने अंधकार को भेद करने में जनश्रुतियाँ भी असमर्थ हैं, वहीं से एक आवाज हमारे पास आ रही है। ज्ञान-भक्ति और कर्म के अनंत हिमालय-स्वरूप हमारी मातृभूमि भारत की हर एक चोटी पर प्रतिध्वनित होकर यह आवाज मृदु तथा दृढ़, परंतु अभ्रांत स्वर में हमारे पास तक आ रही है। जितना समय बीतता है, उतनी ही वह और भी स्पष्ट व गंभीर होती जाती है और देखो, वह निद्रित भारत अब जागने लगा है, मानो हिमालय के प्राणप्रद वायु-स्पर्श से मृत देह के शिथिलप्राय अस्थि-मांस तक में प्राण-संचार हो रहा है। जड़ता धीरे-धीरे दूर हो रही है। जो अंधे हैं, वे ही देख नहीं सकते और जो विकृत बुद्धि हैं, वे समझ नहीं सकते कि हमारी मातृभूमि अपनी गंभीर निद्रा से अब जाग रही है। अब कोई उसे रोक नहीं सकता। अब यह फिर से सो नहीं सकती। कोई बाह्य शक्ति इस समय इसे दबा नहीं सकती, क्योंकि यह असाधारण शक्ति का देश अब जागकर खड़ा हो रहा है।

सुदीर्घ रजनी अब समाप्त होती हुई जान पड़ती है। महादुःख का प्रायः अंत ही प्रतीत होता है। महानिद्रा में निमग्न शव मानो जाग्रत् हो रहा है। इतिहास की बात तो दूर रही, जिस सुदूर अतीत के घने अंधकार को भेद करने में जनश्रुतियाँ भी असमर्थ हैं, वहीं से एक आवाज हमारे पास आ रही है।

□

संस्कारों से चरित्र-निर्माण

यदि मन को तालाब मान लिया जाए तो उसमें उठनेवाली प्रत्येक लहर जब शांत हो जाती है तो भी वस्तुतः वह बिल्कुल नष्ट नहीं हो जाती, वरन् चित्त में एक प्रकार का चिह्न छोड़ जाती है और एक ऐसी संभावना का निर्माण कर जाती है, जिससे कि वह दुबारा उठ सके। इस चिह्न तथा इस लहर के पुनः उठने की संभावना को मिलाकर हम 'संस्कार' कह सकते हैं। हमारा प्रत्येक कार्य, हमारा प्रत्येक अंग-संचालन, हमारा हर विचार हमारे चित्त पर इसी प्रकार का एक संस्कार छोड़ जाता है और यद्यपि ये संस्कार ऊपरी दृष्टि से स्पष्ट न हों, तथापि इतने प्रबल होते हैं कि ये अवचेतन मन में अज्ञात रूप से कार्य करते रहते हैं। यह चित्त सतत अपनी स्वाभाविक पवित्र अवस्था को पुनः प्राप्त करने की चेष्टा कर रहा है; परंतु इंद्रियाँ उसे बाहर खींचे रखती हैं। हम प्रतिक्षण जो होते हैं, वह इन संस्कारों द्वारा ही निर्धारित होता है। मैं इस मुहूर्त जो कुछ हूँ, वह मेरे पूर्व जीवन के समस्त संस्कारों का फल है। यथार्थतः इसी को 'चरित्र' कहते हैं और प्रत्येक मनुष्य का चरित्र इन संस्कारों की समष्टि द्वारा ही निर्धारित होता है। यदि भले संस्कारों का प्राबल्य रहा तो मनुष्य का चरित्र भला होता है और यदि बुरे संस्कारों का तो बुरा। यदि एक व्यक्ति निरंतर बुरे शब्द सुनता रहे, बुरी बातें सोचता रहे, बुरे कर्म करता रहे तो वे संस्कार उसके समस्त विचारों तथा कार्यों को प्रभावित करते रहेंगे। इसी प्रकार यदि व्यक्ति अच्छे विचार रखे तथा सत्कर्म करे तो उसके इन

संस्कारों का प्रभाव भी अच्छा ही होगा और उसकी इच्छा न होते हुए भी वे उसे सत्कार्य में प्रेरित करेंगे। जब व्यक्ति इतने सत्कार्य तथा सत्‌चिंतन कर चुकता है कि उसकी इच्छा न होते हुए भी उसमें सत्कार्य करने की एक अनिवार्य प्रवृत्ति उत्पन्न हो जाती है, तब यदि वह दुष्कर्म करना भी चाहे तो इन संस्कारों के समष्टि रूप में उसका मन उसे ऐसा करने ही नहीं देगा और ये संस्कार उसे उस मार्ग से वापस लौटा लाएँगे। तब वह अपने उन भले संस्कारों के हाथ की कठपुतली जैसा हो जाएगा। ऐसी स्थिति हो जाने पर ही कहा जा सकता है कि इस व्यक्ति का चरित्र गठित हुआ है।

जैसे कछुआ अपने सिर व पाँवों को अपने खोल के भीतर समेट लेता है और तब हम चाहे उसे मार ही क्यों न डालें, उसके टुकड़े-टुकड़े ही क्यों न कर डालें, पर वह अपने सिर व पाँव बाहर नहीं निकलता, वैसे ही जिस व्यक्ति ने अपने मन व इंद्रियों को वश में कर लिया है, उसका चरित्र सदैव स्थिर रहता है।

जैसे कछुआ अपने सिर व पाँवों को अपने खोल के भीतर समेट लेता है और तब हम चाहे उसे मार ही क्यों न डालें, उसके टुकड़े-टुकड़े ही क्यों न कर डालें, पर वह अपने सिर व पाँव बाहर नहीं निकलता, वैसे ही जिस व्यक्ति ने अपने मन व इंद्रियों को वश में कर लिया है, उसका चरित्र सदैव स्थिर रहता है। निरंतर सत्‌चिंतन के फलस्वरूप हमारे चेतन मन पर भले संस्कारों का बारंबार आवर्तन होते रहने के कारण हम में सत्कार्य करने की प्रवृत्ति प्रबल रहती है और इसके फलस्वरूप हम इंद्रियों को वश में लाने में समर्थ होते हैं। इसी प्रकार चरित्र गठित होता है और उसके बाद ही हम सत्य-लाभ के अधिकारी हो सकते हैं। इसी प्रकार का व्यक्ति सदा के लिए सुरक्षित होता है। फिर उसके द्वारा किसी भी प्रकार का अनुचित या बुरा कार्य हो ही नहीं सकता। उसको चाहे तुम किसी भी प्रकार के लोगों के साथ क्यों न रख दो, उसे कोई खतरा नहीं होता।

जो शिक्षा अभी तुम पा रहे हो, वह 'मनुष्य' बनानेवाली शिक्षा नहीं कहला सकती। यह केवल गढ़ी हुई चीजों को तोड़ना ही जानती है। यह शिक्षा केवल और पूर्णतः निषेधात्मक है। शिक्षा का अर्थ तुम्हारे दिमाग में ठूँसी हुई ऐसी जानकारियों का ढेर नहीं है, जो आजीवन अनपची रहकर गड़बड़ी पैदा करती रहें। जिस शिक्षा से हम अपना जीवन-निर्माण कर सकें, मनुष्य बन सकें, चरित्र-गठन कर सकें और विचारों का सामंजस्य कर सकें, वही वास्तव में शिक्षा कहलाने योग्य है।

भली और बुरी आदतें

प्रत्येक कार्य चित्त रूपी सरोवर के ऊपर एक कंपन के समान है। यह कंपन कुछ समय बाद लुप्त हो जाता है। फिर क्या बचा रहता है? केवल संस्कारों का समूह। मन में ऐसे बहुत से संस्कार पड़ने पर वे इकट्ठे होकर 'आदत' में परिणत हो जाते हैं। कहते हैं कि 'आदत ही द्वितीय स्वभाव है।'

प्रत्येक कार्य चित्त रूपी सरोवर के ऊपर एक कंपन के समान है। यह कंपन कुछ समय बाद लुप्त हो जाता है। फिर क्या बचा रहता है? केवल संस्कारों का समूह। मन में ऐसे बहुत से संस्कार पड़ने पर वे इकट्ठे होकर 'आदत' में परिणत हो जाते हैं। कहते हैं कि 'आदत ही द्वितीय स्वभाव है।'

केवल सत्कार्य करते रहो, सर्वदा पवित्र चिंतन करो; बुरे संस्कार रोकने का बस, यही एक उपाय है। ऐसा कभी मत कहो कि अमुक से उद्धार की कोई आशा नहीं है। क्यों? इसलिए कि वह व्यक्ति केवल एक विशिष्ट प्रकार के चरित्र का, कुछ अभ्यासों की समष्टि का द्योतक मात्र है और ये अभ्यास नए व भले अभ्यास से दूर किए जा सकते हैं। चरित्र बस, बारंबार अभ्यास की समष्टि मात्र है और इस प्रकार का बारंबार अभ्यास ही चरित्र का सुधार कर सकता है। यदि किसी कर्म द्वारा हम ईश्वर की ओर बढ़ते हैं तो वह भला कर्म है और हमारा कर्तव्य है; परंतु जिस कर्म द्वारा हम

नीचे गिरते हैं, वह बुरा है और वह हमारा कर्तव्य नहीं है। आत्मनिष्ठ दृष्टिकोण से देखने पर हमें ऐसा प्रतीत होता है कि कुछ कार्य ऐसे होते हैं, जो हमें उन्नत बनाते हैं और दूसरे ऐसे होते हैं, जो हमें नीचे ले जाते हैं और पशुवत् बना देते हैं।

चरित्र की ही सर्वत्र विजय होती है। पाश्चात्य देशों ने राष्ट्रीय जीवन के जो आश्चर्यजनक प्रासाद बनाए हैं, वे चरित्र रूपी सुदृढ़ स्तंभों पर खड़े हैं और जब तक हम अधिक-से-अधिक संख्या में वैसे चरित्र न गढ़ सकें, तब तक हमारा इस राष्ट्र या उस राष्ट्र के विरुद्ध अपना असंतोष प्रकट करते रहना निरर्थक है। न धन से काम होता है, न नाम से; न यश काम आता है, न विद्या। प्रेम से ही सबकुछ होता है। चरित्र ही कठिनाइयों की संगीन दीवारें तोड़कर अपना रास्ता बना सकता है। सैकड़ों युगों के उद्यम से चरित्र का गठन होता है। चरित्र की अपेक्षा अन्य ऐसी कौन सी शक्ति है, जो जीने की योग्यता प्रदान कर सकती है? सभी संप्रदायों में केवल उन्हीं की विजय होगी, जो अपने जीवन में सबसे अधिक चरित्र का उत्कर्ष दिखा सकेंगे।

भारतीय इतिहास पढ़ने पर हमें ज्ञात होता है कि भारतवर्ष सदैव ही अत्यधिक क्रियाशील रहा है। आजकल हमें पढ़ाया जा रहा है कि हिंदू जाति सदैव से भीरु तथा निष्क्रिय रही है और यह बात विदेशियों में तो एक प्रकार से कहावत के रूप में ही प्रचलित हो गई है। मैं इस विचार को कदापि स्वीकार नहीं कर सकता कि भारत कभी निष्क्रिय रहा है!

धर्म की आवश्यकता

भारतीय इतिहास पढ़ने पर हमें ज्ञात होता है कि भारतवर्ष सदैव ही अत्यधिक क्रियाशील रहा है। आजकल हमें पढ़ाया जा रहा है कि हिंदू जाति सदैव से भीरु तथा निष्क्रिय रही है और यह बात विदेशियों में तो एक प्रकार से कहावत के रूप में ही प्रचलित हो गई है। मैं इस विचार

को कदापि स्वीकार नहीं कर सकता कि भारत कभी निष्क्रिय रहा है! सत्य तो यह है कि जितनी कर्मठता हमारी इस पुण्यभूमि भारतवर्ष में रही है, उतनी शायद ही अन्यत्र कहीं रही हो। इस कर्मठता का सबसे बड़ा प्रमाण यह है कि हमारी यह चिर प्राचीन महान् हिंदू जाति आज भी ज्यों-की-त्यों जीवित है।

हमें ऐसे धर्म की आवश्यकता है, जिससे हम मनुष्य बन सकें। हमें ऐसे सिद्धांतों की जरूरत है, जिनसे हम मनुष्य हो सकें। हमें ऐसी सर्वांगपूर्ण शिक्षा चाहिए, जो हमें मनुष्य बना सके। इस समय हमारे देश को जरूरत है—लोहे की भाँति ठोस मांसपेशियों और मजबूत स्नायुवाले शरीरों की। जरूरत है, ऐसी दृढ़ इच्छा-शक्ति की, जिसे कोई रोकने में समर्थ न हो, जो ब्रह्मांड के सारे रहस्यों को भेद सकती हो। यदि इस कार्य को करने के लिए अथाह समुद्र-तल में जाना पड़े, सदा सब प्रकार से मौत का सामना करना पड़े तो हमें यह करना ही होगा।

मैं तुम लोगों से स्पष्ट भाषा में कहे देता हूँ कि हम दुर्बल हैं, अत्यंत दुर्बल हैं। प्रथम तो है हमारी शारीरिक दुर्बलता। यह शारीरिक दुर्बलता कम-से-कम हमारे एक-तिहाई दुःखों का कारण है। हम आलसी हैं, हम कार्य नहीं कर सकते, हम आपस में मिल-जुल नहीं सकते, हम एक-दूसरे से प्रेम नहीं करते, हम घोर स्वार्थी हैं; हम तीन व्यक्ति एकत्र होते ही एक-दूसरे से घृणा करते हैं, आपस में ईर्ष्या करते हैं।

सबल बनो

मैं तुम लोगों से स्पष्ट भाषा में कहे देता हूँ कि हम दुर्बल हैं, अत्यंत दुर्बल हैं। प्रथम तो है हमारी शारीरिक दुर्बलता। यह शारीरिक दुर्बलता कम-से-कम हमारे एक-तिहाई दुःखों का कारण है। हम आलसी हैं, हम कार्य नहीं कर सकते, हम आपस में मिल-जुल नहीं सकते, हम एक-दूसरे से प्रेम नहीं करते, हम घोर स्वार्थी हैं; हम तीन व्यक्ति एकत्र होते ही एक-दूसरे से घृणा करते हैं, आपस में ईर्ष्या करते

हैं। हमारी इस समय ऐसी हालत है कि हम पूर्ण रूप से असंगठित हैं, घोर स्वार्थी हो गए हैं; सैकड़ों शताब्दियों से इसी बात पर विवाद कर रहे हैं कि तिलक इस तरह धारण करना चाहिए या उस तरह; अमुक व्यक्ति की नजर पड़ने से हमारा भोजन दूषित हो गया या नहीं? ऐसे अनावश्यक प्रश्नों की मीमांसा और उन पर अत्यंत शोधपूर्ण दर्शन लिख डालनेवाले पंडितों से तुम और क्या आशा कर सकते हो? हमारे धर्म के लिए भय की बात यही है कि वह रसोईघर में घुसकर उसी में आबद्ध रहेगा। जब मन की शक्ति नष्ट हो जाती है, उसकी क्रियाशीलता उसकी चिंतन-शक्ति जाती रहती है, तब उसकी सारी मौलिकता नष्ट हो जाती है। फिर वह छोटे-से-छोटे दायरे के भीतर चक्कर लगाता रहता है। तुम में से प्रत्येक व्यक्ति अंधविश्वासी व मूर्ख होने की जगह यदि घोर नास्तिक भी हो तो वह मुझे पसंद होगा; क्योंकि नास्तिक तो जीवंत है, तुम उसे किसी प्रकार बदल सकते हो; परंतु यदि अंधविश्वास घुस जाएँ तो मस्तिष्क बिगड़ जाएगा, दुर्बल हो जाएगा और व्यक्ति विनाश की ओर अग्रसर होने लगेगा। तो इन दो संकटों से बचो।

प्रथम तो हमारे युवकों को सबल बनना होगा। धर्म पीछे आएगा। हे मेरे युवक बंधु! तुम बलवान् बनो, यही तुम्हारे लिए मेरा उपदेश है। गीता-पाठ की जगह फुटबॉल खेलने से स्वर्ग तुम्हारे कहीं अधिक निकट होगा। मैंने अत्यंत साहसपूर्वक ये बातें कही हैं और इनको कहना बड़ा आवश्यक है, क्योंकि मैं तुम्हें प्यार करता हूँ।

प्रथम तो हमारे युवकों को सबल बनना होगा। धर्म पीछे आएगा। हे मेरे युवक बंधु! तुम बलवान् बनो, यही तुम्हारे लिए मेरा उपदेश है। गीता-पाठ की जगह फुटबॉल खेलने से स्वर्ग तुम्हारे कहीं अधिक निकट होगा। मैंने अत्यंत साहसपूर्वक ये बातें कही हैं और इनको कहना बड़ा आवश्यक है, क्योंकि मैं तुम्हें प्यार करता हूँ। मैं जानता हूँ कि कंकड़

कहाँ चुभता है। मैंने कुछ अनुभव प्राप्त किए हैं। बलवान् शरीर से अथवा मजबूत पुट्ठों से तुम 'गीता' को कहीं अधिक समझ सकोगे। शरीर में ताजा रक्त होने से तुम कृष्ण की महती प्रतिभा और महान् तेजस्विता को अधिक अच्छी तरह समझ सकोगे। जिस समय तुम्हारा शरीर तुम्हारे पैरों के बल दृढ़ भाव से खड़ा होगा, जब तुम स्वयं को मनुष्य समझोगे, तभी तुम भलीभाँति उपनिषद् और आत्मा की महिमा समझोगे। हमें निर्भीक और साहसी व्यक्तियों की जरूरत है, खून में तेजी और स्नायुओं में बल की जरूरत है। लोहे के पुट्ठे और फौलाद के स्नायु चाहिए, न कि दुर्बल बनानेवाले वाहियात विचार। इन सबको त्याग दो, सब प्रकार के रहस्यों से बचो। हर बात में रहस्यमयता और अंधविश्वास—ये सदा दुर्बलता के ही लक्षण होते हैं। ये अवनति और मृत्यु के ही चिह्न हैं, इसलिए इनसे बचे रहो, बलवान् बनो और अपने पैरों पर खड़े हो जाओ।

सैकड़ों युगों के सामाजिक अत्याचार से जिनकी सारी मानवता का अस्त हो चुका है, जरा बताओ तो सही, तुम कौन हो और इस समय तुम कर भी क्या रहे हो? मूर्खो, हाथ में किताब लिये तुम केवल समुद्र के किनारे घूम रहे हो, यूरोपियनों के मस्तिष्क से निकली हुई बातों को लेकर बिना समझे दोहरा रहे हो! तीस रुपयों की मुंशीगीरी के लिए या बहुत हुआ तो एक वकील बनने के लिए जी-जान से लड़ रहे हो।

सैकड़ों युगों के सामाजिक अत्याचार से जिनकी सारी मानवता का अस्त हो चुका है, जरा बताओ तो सही, तुम कौन हो और इस समय तुम कर भी क्या रहे हो? मूर्खो, हाथ में किताब लिये तुम केवल समुद्र के किनारे घूम रहे हो, यूरोपियनों के मस्तिष्क से निकली हुई बातों को लेकर बिना समझे दोहरा रहे हो! तीस रुपयों की मुंशीगीरी के लिए या बहुत हुआ तो एक वकील बनने के लिए जी-जान से लड़ रहे हो। यही तो भारत के नवयुवकों की सबसे बड़ी महत्त्वाकांक्षा है! और फिर इन विद्यार्थियों के

भी झुंड-के-झुंड बच्चे पैदा हो जाते हैं, जो भूख से त्रस्त हुए उन्हें घेरकर 'बाबा, खाने को दो, खाने को दो' कहकर चीत्कार करते रहते हैं। क्या समुद्र में इतना पानी भी न रहा कि तुम अपने विश्वविद्यालय के डिप्लोमा, गाउन तथा पुस्तकों के साथ उसमें डूब मरो?

आओ, मनुष्य बनो। अपने सँकरे अंधकूप से बाहर निकलो और बाहर दृष्टि डालो। देखो, बाकी सब देश किस तरह आगे बढ़ रहे हैं और तुम लोग क्या कर रहे हो? इतनी विद्या सीखकर दूसरों के द्वार पर भिखारियों भी भाँति 'नौकरी दो, नौकरी दो', कहकर चिल्ला रहे हो। दूसरों की ठोकरें खाते हुए, गुलामी करके भी तुम लोग क्या अब मनुष्य रह गए हो? तुम लोगों का मूल्य एक फूटी कौड़ी भी नहीं है। ऐसी सुजलां-सुफलां भूमि में जन्म लेकर भी, जहाँ प्रकृति अन्य सभी देशों से करोड़ों गुना अधिक धन-धान्य पैदा कर रही है, तुम लोगों के पेट में अन्न नहीं, तन पर वस्त्र नहीं! जिस देश के धन-धान्य ने पृथ्वी के बाकी सभी देशों में सभ्यता का विस्तार किया है, उसी अन्नपूर्णा के देश में तुम लोगों की ऐसी दुर्दशा! तुम लोग घृणित कुत्तों से भी बदतर हो गए हो और फिर भी अपने वेद-वेदांत की डींग हाँकते हो! जो राष्ट्र आवश्यक अन्न-वस्त्र का भी प्रबंध नहीं कर सकता और दूसरों के मुँह की ओर ताकते हुए ही जीवन बिता रहा है, उस राष्ट्र का गर्व! धर्म-कर्म को तिलांजलि देकर पहले जीवन-संग्राम में कूद पड़ो। भारत में कितनी चीजें पैदा होती हैं! विदेशी लोग उसी कच्चे माल से 'सोना' पैदा कर रहे

आओ, मनुष्य बनो। अपने सँकरे अंधकूप से बाहर निकलो और बाहर दृष्टि डालो। देखो, बाकी सब देश किस तरह आगे बढ़ रहे हैं और तुम लोग क्या कर रहे हो? इतनी विद्या सीखकर दूसरों के द्वार पर भिखारियों भी भाँति 'नौकरी दो, नौकरी दो', कहकर चिल्ला रहे हो। दूसरों की ठोकरें खाते हुए, गुलामी करके भी तुम लोग क्या अब मनुष्य रह गए हो? तुम लोगों का मूल्य एक फूटी कौड़ी भी नहीं है।

हैं और तुम लोग भारवाही गधों की तरह उनका माल ढोते-ढोते मरे जा रहे हो। भारत में जो चीजें पैदा होती हैं, विदेशी उन्हीं को ले जाकर अपनी बुद्धि से तरह-तरह की चीजें बनाकर समृद्ध बन गए और तुम लोग! अपनी बुद्धि को संदूक में बंद करके घर का धन दूसरों को देकर—'हा अन्न, हा अन्न' करते हुए भटक रहे हो!

उपाय तुम्हारे हाथों में ही है। आँखों पर पट्टी बाँधकर कह रहे हो, 'मैं अंधा हूँ, देख नहीं सकता।' पट्टी हटा दो, देखोगे, मध्याह्न सूर्य की किरणों से जगत् आलोकित हो रहा है। रुपए नहीं जुटा सकते हो, जहाज के खलासी बनकर विदेश चले जाओ। देशी वस्त्र, गमछे, सूप, झाड़ू आदि सिर पर रखकर अमेरिका, यूरोप की सड़कों और गलियों में घूम-घूमकर बेचो।

उपाय तुम्हारे हाथों में ही है। आँखों पर पट्टी बाँधकर कह रहे हो, 'मैं अंधा हूँ, देख नहीं सकता।' पट्टी हटा दो, देखोगे, मध्याह्न सूर्य की किरणों से जगत् आलोकित हो रहा है। रुपए नहीं जुटा सकते हो, जहाज के खलासी बनकर विदेश चले जाओ। देशी वस्त्र, गमछे, सूप, झाड़ू आदि सिर पर रखकर अमेरिका, यूरोप की सड़कों और गलियों में घूम-घूमकर बेचो। देखोगे कि भारत की इन चीजों का आज भी वहाँ कितना मूल्य है! हुगली जिले के कुछ मुसलमान अमेरिका में ऐसा ही व्यापार कर धनवान् बन गए हैं। क्या तुम लोगों की विद्या-बुद्धि उनसे भी कम है? देखो, इस देश में जो बनारसी साड़ी बनती है, उसके समान बढ़िया कपड़ा पृथ्वी भर में और कहीं नहीं बनता। इस कपड़े को लेकर अमेरिका चले जाओ। वहाँ इस वस्त्र से स्त्रियों के गाउन बनवाने में लग जाओ, फिर देखो, कितने रुपए आते हैं!

भौतिक विज्ञान और संगठन

दूसरी जातियों से संभवतः हमें भौतिक विज्ञान सीखना होगा। यह भी

सीखना होगा कि कैसे दल का संगठन और परिचालन हो, कैसे विभिन्न शक्तियों को नियमानुसार काम में लगाकर थोड़े यत्न से अधिक लाभ हो—आदि-आदि।

भारत में प्रत्येक व्यक्ति नेता बनता चाहता है, आज्ञा-पालन करनेवाला कोई भी नहीं है। आज्ञा देने की क्षमता प्राप्त करने से पहले प्रत्येक व्यक्ति को आज्ञा-पालन सीखना होगा। हमारी ईर्ष्याओं का अंत नहीं और यहाँ जो व्यक्ति जितना महत्त्वपूर्ण है, वह उतना ही अधिक ईर्ष्यालु है। जब तक हिंदू ईर्ष्या से बचना और बड़ों की आज्ञा का पालन करना नहीं सीखते, तब तक उनमें संगठन की क्षमता नहीं आ सकती। संघबद्ध होकर कार्य करने की प्रवृत्ति का हमारे स्वभाव में पूर्ण अभाव है। उसका विकास करना होगा। इसका सबसे बड़ा रहस्य है—ईर्ष्या न होना। सदैव अपने भाइयों के विचारों को मान लेने के लिए प्रस्तुत रहो और हमेशा उनसे मेल बनाए रखने की कोशिश करो।

मस्तिष्क और मांसपेशियाँ समान रूप से विकसित होनी चाहिए। फौलादी शरीर हो और साथ ही तीक्ष्ण बुद्धि भी हो तो सारा संसार तुम्हारे समक्ष नतमस्तक हो जाएगा। मैं जो चाहता हूँ, वह है लोहे की नसें और फौलाद के स्नायु, जिनके भीतर ऐसा मन निवास करता हो, जो वज्र के समान पदार्थ का बना हो। बल, पुरुषार्थ, क्षात्रवीर्य और ब्रह्मतेज!

शरीर तथा मन

मस्तिष्क और मांसपेशियाँ समान रूप से विकसित होनी चाहिए। फौलादी शरीर हो और साथ ही तीक्ष्ण बुद्धि भी हो तो सारा संसार तुम्हारे समक्ष नतमस्तक हो जाएगा। मैं जो चाहता हूँ, वह है लोहे की नसें और फौलाद के स्नायु, जिनके भीतर ऐसा मन निवास करता हो, जो वज्र के समान पदार्थ का बना हो। बल, पुरुषार्थ, क्षात्रवीर्य और ब्रह्मतेज!

मस्तिष्क को ऊँचे-ऊँचे विचारों, ऊँचे-ऊँचे आदर्शों से भर लो और

उन्हें दिन-रात अपने मन के सामने जाग्रत् रखो। तो फिर उसी से महान् कार्य होंगे। अपवित्रता के बारे में कुछ भी मत कहना। मन से कहते रहो—हम शुद्ध और पवित्रता-स्वरूप हैं। हम लोग निकृष्ट हैं। हम जनमे हैं, हम मरेंगे, इन्हीं विचारों से हमने अपने आपको बिल्कुल अभिभूत कर डाला है और इसी कारण हम सर्वदा ही इस प्रकार भय से आतंकित बने रहते हैं।

जीवन के उद्देश्य के प्रति सचेतता

आज जरूरत है अपने देश की विद्याओं के साथ-साथ अंग्रेजी भाषा और पाश्चात्य विज्ञान के शिक्षण की। उद्योग-धंधों की उन्नति के लिए हमें यांत्रिक शिक्षा भी प्राप्त करनी होगी, जिससे देश के युवक नौकरी ढूँढ़ने के बजाय कुछ कमाकर अपनी जीविका चला सकें। कुछ परीक्षाएँ पास करके उपाधियाँ प्राप्त करने या अच्छा भाषण दे सकने से ही तुम्हारी दृष्टि में वह शिक्षित हो जाता है!

आज जरूरत है अपने देश की विद्याओं के साथ-साथ अंग्रेजी भाषा और पाश्चात्य विज्ञान के शिक्षण की। उद्योग-धंधों की उन्नति के लिए हमें यांत्रिक शिक्षा भी प्राप्त करनी होगी, जिससे देश के युवक नौकरी ढूँढ़ने के बजाय कुछ कमाकर अपनी जीविका चला सकें। कुछ परीक्षाएँ पास करके उपाधियाँ प्राप्त करने या अच्छा भाषण दे सकने से ही तुम्हारी दृष्टि में वह शिक्षित हो जाता है! जो शिक्षा साधारण व्यक्ति को जीवन-संग्राम में समर्थ नहीं बना सकती, मनुष्य में चरित्र-बल, परहित की भावना तथा सिंह के समान साहस नहीं ला सकती, क्या वह भी कोई शिक्षा है ? जिस शिक्षा द्वारा जीवन में अपने पैरों पर खड़ा हुआ जाता है, वही शिक्षा है। वर्तमान शिक्षा से तुम्हारा सिर्फ बाह्य परिवर्तन होता जा रहा है, पर नई-नई कल्पना-शक्ति के अभाव में तुम लोगों को धन कमाने का उपाय उपलब्ध नहीं हो रहा है। वस्तुओं का यंत्रों द्वारा उत्पादन, क्या यही उच्च शिक्षा है ? उच्च शिक्षा का

उद्देश्य है—मानव-जीवन के उद्देश्य को समझना, जीवन की समस्याओं को सुलझाना; और आज का सभ्य संसार उन्हीं पर गहन चिंतन कर रहा है; परंतु हमारे देश में हजारों वर्ष पूर्व ही ये गुत्थियाँ सुलझा ली गई थीं।

मेरी इच्छा है कि प्रतिवर्ष यथेष्ट संख्या में हमारे नवयुवक चीन और जापान जाएँ। जापानी लोगों के लिए आज भी भारतवर्ष उच्च एवं श्रेष्ठ वस्तुओं का स्वप्न-राज्य है। देश भर के लोग आज अपने सोने को पीतल और दूसरों के पीतल को सोना मान बैठे हैं। यही है हमारी आधुनिक शिक्षा का जादू। मुझे लगता है कि इस देश के सभी बड़े व शिक्षित लोग यदि एक बार जापान घूम आएँ तो उनकी आँखें खुल जाएँगी। वहाँ हमारे यहाँ के समान विद्या की बदहजमी नहीं है। उन्होंने यूरोपवालों से सब लिया है, पर जापानी ही रहे, साहब नहीं बने। पर हमारे यहाँ तो साहब बनने का एक तरह का भयानक रोग फैला गया है। पहले अपने पैरों पर खड़े हो जाओ, उसके बाद सभी राष्ट्रों से शिक्षा ग्रहण करो। जो कुछ संभव हो, अपना लो; जो कुछ तुम्हारे काम का हो, उसे ग्रहण कर लो।

मेरी इच्छा है कि प्रतिवर्ष यथेष्ट संख्या में हमारे नवयुवक चीन और जापान जाएँ। जापानी लोगों के लिए आज भी भारतवर्ष उच्च एवं श्रेष्ठ वस्तुओं का स्वप्न-राज्य है। देश भर के लोग आज अपने सोने को पीतल और दूसरों के पीतल को सोना मान बैठे हैं। यही है हमारी आधुनिक शिक्षा का जादू। मुझे लगता है कि इस देश के सभी बड़े व शिक्षित लोग यदि एक बार जापान घूम आएँ तो उनकी आँखें खुल जाएँगी।

सनातन प्रणाली का अवलंबन

अपने देश की आध्यात्मिक एवं लौकिक—सभी प्रकार की शिक्षा का भार हमें अपने हाथों में लेना होगा और उस शिक्षा में भारतीय शिक्षा की

सनातन धारा को बनाए रखना होगा तथा यथासंभव राष्ट्रीय रीति से शिक्षा का विस्तार करना होगा। शारीरिक, मानसिक तथा आध्यात्मिक—सभी क्षेत्रों में व्यक्ति को सकारात्मक भाव देने होंगे, परंतु घृणा के साथ नहीं। आपसी घृणा के कारण ही तुम लोगों का अध:पतन हुआ है। अब केवल सकारात्मक विचारों को फैलाकर लोगों को उठाना होगा—पहले हिंदू जाति को और उसके बाद सारी दुनिया को।

□□□